세 번째 위기
세 번째 기회

이메일 vegabooks@naver.com   **홈페이지** www.vegabooks.co.kr
블로그 http://blog.naver.com/vegabooks
인스타그램 @vegabooks   **페이스북** @VegaBooksCo

홍사훈의 경제쇼

세 번째 위기
세 번째 기회

홍반장이 묻고, 전문가가 답하다

박병창, 박세익, 안유화, 염승환, 오건영, 윤지호
이종우, 홍사훈, 홍춘욱 지음

베가북스
VegaBooks

가장 어두운 시간에 빛을 찾는 전문가의 시선

"지금은 누구를 탓하고 책임을 묻기보다 우리 모두 다시 한번 허리띠를 졸라매고 고통을 분담해서 위기 극복에 나서야 할 때입니다."

1997년 11월 22일, 당시 김영삼 대통령이 IMF 국제통화기금에 구제금융을 신청하면서 발표한 이 담화로 한국의 첫 번째 경제위기가 시작됐습니다. 그리고 2008년 9월 세계에서 네 번째로 큰 투자은행인 미국의 리먼브러더스가 파산하면서 전 세계에 두 번째 위기가 찾아왔습니다. 그로부터 14년이 지난 지금 세 번째 위기가 시작되고 있습니다. 코로나19 팬데믹 사태로 전 세계가 저금리와 양적 완화로 돈을 풀면서 주식과 부동산, 가상화폐 같은 자산들의 거품은 부풀어 오를 대로 부풀었습니다. 이렇게 부풀어 오른 거품이 터지지 않으면 그게 오히려 이상한 거죠.

<홍사훈의 경제쇼>에 출연하는 패널들의 공통된 얘기는 올해와 내년, 한국 경제가 매우 어려워질 가능성이 있다는 겁니다. 좀 겁나긴 하지만 누군가는 1998년 외환위기 때와 맞먹는 '퍼펙트 스톰'이 찾아올 가능성도 얘기합니다. 한국이 수출 강대국임에도 불구하고 어려움에 직면할 것이란 이유는 단연코 세계 최고 수준의 가계부채 때문입니다.

미국과 유럽 등 선진국들 대부분은 국가가 빚을 졌습니다. 반면 우리나라는 국가가 빚을 지는 대신 민간 가계가 빚을 떠안았습니다. 자영업, 소상공인들이 생계를 위해 대출을 받은 예도 있고, 낮아진 금리로 대출받아 집을 사거나 주식과 코인을 사는 데 써버린 사람들도 있습니다. 이제 그 빚을 갚을 시간이 다가오고 있습니다. 고통의 시간이 꽤 오래갈 것이란 예상입니다.

같은 빚이라도 국가가 진 빚과 민간 가계가 진 빚의 무게는 다릅니다. 신흥국을 제외하면 우리가 가장 위험한 상태라는 얘기가 그래서 나오는 겁니다. 과거에도 늘 그랬지만 거품은 막바지에 그 유혹을 참기가 어렵습니다. 그리고 거품이 터지기 시작할 즈음 벼랑 끝엔 늘 서민들이 서 있었습니다. 앞으로 다가올 가능성이 있다는 '퍼펙트 스톰'을 이해하고 슬기롭게 이겨나가는 데 도움이 됐으면 합니다.

<홍사훈의 경제쇼>에는 수많은 경제전문가가 출연해 경제와 이슈에 관해 설명하고 있습니다. 그중에서도 현재의 경제 상황을 가장 잘 이해하는 데 도움이 될 몇 분들의 설명을 골라 정리했습니다.

미국 연방준비제도 의장으로 가도 손색이 없을 것 같은 인사이트를 가진 오건영 부부장, 중국 경제에 대한 뛰어난 식견과 뛰어난 말솜씨를 가진 안유화 교수, 주식 종목을 통찰할 때마다 탄성이 절로 나오는 염승환 이사, 언제나 기관이 아닌 투자자의 관점에서 시장을 바라보는 증권맨 윤지호 센터장, 형님처럼 늘 푸근한 이종우 이코노미스트, 투자의 기법과 타이밍에 대한 인사이트도 있지만, 영화배우를 했으면 더 성공했을 것 같은 박세익 체슬리 투자자문 전무, 투자는 시장의 심리를 읽는 것이 가장 중요하다는 박병창 교보증권 영업부 부장, 그리고 주식과 채권, 부동산까지 아우르는 홍춘욱 리치고 인베스트먼트 대표 등의 얘기를 담았습니다.

솔직히 가장 큰 문제는 진행자인 저였습니다. 지난해 1월, 경제쇼 진행을 맡아 달라는 연락을 받았을 때 많이 당황했습니다. 지금까지 경력에 경제부는 없었을뿐더러 솔직히 말하면 주식투자를 해본 적도 없었기 때문이죠. 쇼를 시작하고 첫 두 달은 눈 깜짝할 새 지나간 것 같습니다. 생소한 용어부터 그날의 주제까지 들여다보면 볼 수록 모르는 게 꼬리에 꼬리를 물고 이어져서 내가 이렇게까지 '무식이'였나… 하는 탄식이 절로 나왔습니다.

<홍사훈의 경제쇼>가 원하는 청취자가 바로 이런 분들입니다. 저 같은 경제 '무식이'들 말이죠. 경제 각 분야 전문가들과 한 시간 가까이 묻고 답하는 과정에서 스펀지처럼 지식을 빨아들이는 저를 보며 점점 똑똑해지는 느낌이 들었거든요. 물론 출연하는 전문가 패널들은 제가 좀 답답하게 느껴졌을지도 모릅니다. 모르는 게 많아서 궁금한 게 많고, 궁금한 게 많아서 질문도 많아지니까요. 그래서 방송 내용을 정리한 이 책도 쉽게, 겁먹지 않고 다가갈 수 있는 경제 입문서가 될 수 있지 않을까 생각합니다.

이 책이 독자 여러분을 부자로 만들어 준다고 말하지는 못하겠습니다. 그건 가능하지도 않은 일이고요.

그렇지만 아마도 조금은 더 똑똑해지게 만들어 드릴 순 있을 것 같습니다.

제가 그랬으니까 말이죠.

2022년 7월

홍사훈

목차

1부 경제를 알면 흐름이 보인다

1부

경제를 알면
흐름이 보인다

홍춘욱

연세대학교 사학과를 졸업한 뒤 고려대학교 대학원에서 경제학 석사, 명지대학교에서 경영학 박사학위를 받았다. 1993년 한국금융연구원을 시작으로 국민연금 기금운용본부 투자운용팀장, KB국민은행 수석 이코노미스트, 키움증권 투자전략팀장(이사) 등을 거쳤다. 현재 리치고 인베스트먼트 대표로 일하고 있다. 2016년 조선일보와 에프앤가이드가 '가장 신뢰받는 애널리스트'로 선정했다. 주요 저서로 『돈의 역사는 되풀이된다』, 『50대 사건으로 보는 돈의 역사』 등을 저술했다. 최근에는 유튜브 채널 <홍춘욱의 경제강의노트>를 통해 어려운 경제 및 금융시장 지식을 쉽게 전달하기 위해 노력하고 있다.

Q 지금 물가를 잡기 위해서 어떤 조치가 필요한 상황이 아닌가요?

A 지금 연준이 금리 인상을 서둘러야 하는데, 전쟁 중에 금리를 공격적으로 올리기가 쉽지 않습니다. 이건 연준뿐만 아니라 각국 중앙은행의 공통된 어려움입니다.

01

세계 경제를 위기로 몰아넣은 푸틴

홍춘욱

국제 금융시장이 흔들리고 있습니다. 전 세계 주요 증시가 다 내림세입니다. 우리 코스피는 흘러내리고 원 달러 환율은 오르고 있습니다. 물가는 오르고 경기는 가라앉는 스태그플레이션의 어두운 그림자가 길게 드리워져 있습니다.

실시간으로 국제유가와 가스 가격은 천정부지로 뛰고 있습니다. 주요 국제 원자재지수의 상승률은 이미 50년 전 오일쇼크 이후 최고치를 기록했습니다. 이는 러시아에 대한 미국의 강도 높은 제재가 시작될 때부터 예견된 상황이긴 합니다. 원유와 가스는 물론, 구리와 니켈과 알루미늄 같은 광물이나 곡물에 이르기까지 러시아는 세계 상품 시장에서 가장 존재감이 큰 공급자 가운데 하나이기 때문입니다.

이 고통을 감수하는 이유는 간단합니다. 명분 없는 우크라이나 침공에 반대하고 정의롭지 않은 전쟁을 멈추기 위해서입니다. 하지만 러시아는 지금도 멈추지 않고 군대를 보내며 더 많은 미사일을 쏘고 계속해서 민간인을 살상하고 있습니다. 어려운 상황입니다. 제재가 응징의 수단은 되겠지만, 이 전쟁을 멈출 수 있는지는 확신할 수 없어서입니다. 그래서 용서받기 어려운 러시아의 행태를 비판하면서도 경제 제재를 활용한 압박과 함께 정치 외교적 해법 마련도 서둘러야 한다는 목소리가 커지고 있습니다.

전쟁의 추이에 따라서 주가의 변동이 심각한 것 같습니다. 러시아는 왜 이렇게 고전하게 되었을까요

여러분은 혹시 '라스푸티차*(Rasputitsa)'라는 말을 들으신 적이 있는지 모르겠습니다. 라스푸티차는 매년 3월과 10월 두 차례에 걸쳐서 땅이 진득하게 변하는 상황을 말합니다. 이런 현상이 나타나는 지역은 러시아, 벨

Tip 라스푸티차(Rasputitsa)

비나 눈의 융해로 진흙이 생겨 겨울이 되기 전 비포장도로에서 해빙기 여행을 하기가 어려워지는데, 이렇게 1년에 두 번, 즉 봄과 가을에 볼 수 있는 현상의 러시아어 용어이다. '라스푸티차'라는 용어는 두 기간 중 도로의 상태를 나타내기 위해 사용되는 말이기도 하다.

출처: 위키백과

라루스, 북부 우크라이나 일대를 아우를 정도로 광범위합니다. 해빙기가 되면 이 지역의 땅은 아직 꽝꽝 얼어 있는 와중에 눈 녹은 물이 내려옵니다. 지표면은 얼음과 같은데 그 위에 물을 뿌린 격이니, 살얼음이 끼고 미끄러우면서 끈적끈적한 땅이 됩니다. 이게 나폴레옹과 히틀러의 발목을 잡았던 바로 그 현상입니다.

1941년 제2차 세계대전 당시 히틀러의 나치 독일이 소비에트연방을 침공할 때 신성 로마 제국의 프리드리히 1세의 별명인 '바르바로사', 우리 말로는 붉은 수염에서 이름을 따와 바르바로사 작전(Operation Barbarossa)을 실행했습니다. 또 붉은 수염은 스탈린을 암시하기도 하고, 독일 육군은 작전명에 색의 이름을 붙이는 전통이 있었다고 합니다. 이때 독일군은 수천 대의 전차를 동원해 모스크바 코앞까지 갔습니다. 그런데 갑자기 그들의 계획에 라스푸티차가 난입합니다. 당시 그 지역은 도로도 형편없고 철도를 이용할 수도 없어, 가용할 수 있는 운송 수단은 말뿐이었습니다, 그런데 땅의 상태가 안 좋으니 말의 발목이 부러지기 시작합니다. 끈적끈적한 늪에 군마들이 빠져 죽고 또 전차의 하단부가 진흙에 빠져 아예 꺼내지도 못했습니다. 결국 독일군은 모스크바를 불과 100㎞ 남겨놓고 공격을 멈출 수밖에 없었습니다. 공세의 핵심인 독일군의 전차가 길 위에 통나무를 깔아주어야 간신히 바퀴를 걸치고 지나가는 지경에 이르렀기 때문이죠. 300만 명이라는 엄청난 숫자의 독일군이 진군은커녕,

후퇴도 쉽지 않은 지경이었습니다.

결국 이렇게 독일군의 작전은 실패하고 맙니다. 그들의 패전 원인 중 가장 큰 요인은 정보의 부족과 전쟁을 빨리 끝낼 수 있다는 자만심이었습니다. 그리고 이런 환경과 자만심이 부른 참사는 러시아-우크라이나 전쟁에서도 반복됐습니다. 2022년 2월 베이징올림픽이 끝나고 우크라이나 침공이 시작됐습니다. 아마 러시아군은 10일 안에 끝장을 낸다는 의도로 이 전쟁을 시작했던 것 같습니다. 그 지역의 땅이 녹기 전에 속전속결 하려고 했던 거죠. 러시아가 이번 전쟁이 '며칠이면 끝날 것이다'라고 오판한 것을 추측할 수 있는 대목이 있습니다. 바로 러시아 포로들의 인터뷰입니다. 그들은 "처음에 출발할 때 3일 치 식량만 탱크에 넣어와서 배가 고파서 밖으로 나왔다"라고 한 겁니다. 이 말은 과거 독일이 바르바로사 작전으로 신속하게 전쟁을 끝내려 했던 생각과 일맥상통합니다. 또 러시아 군대가 압도적인 무력으로 진격하는 모습을 보여준다면 우크라이나 국민이 환호할 거라 믿었던 겁니다.

러시아가 우크라이나를 과소평가한 배경은 무엇일까요?

우크라이나는 1990년 소비에트연방으로부터 독립한 다음부터 지금까지 경제 성장이 거의 이뤄지지 않았습니다. 국민은 정부에서 모든 계획을 하고 일자리를 나눠주는 명령·지시 체제에 살고 있었습니다. 그런데 갑자기 정부에서 시장이 모든 걸 좌우하는 시장경제를 도입한 결과 국민은 극심한 스트레스를 받을 수밖에 없었고 옛날을 그리워하게 됐습니다. 이런 과정에서 어마어마한 정치적 혼란이 야기된 겁니다.

이런 혼란 속 우크라이나에는 2014년 크림반도 사태, 복잡한 민주화 과정, 친러와 반러의 대립 등 사회 전반에 걸친 문제들이 팽배해져 있었습니다. 그리고 과거 정부의 퇴진을 이끈 여러 가지 혁명들이 진행되는 동안 경제는 계속 어려워졌습니다. 사회간접자본(SOC) 문제, 즉 다리나 철도, 도로 같은 기본 인프라의 체계적인 수리나 관리가 이루어지지 못했습니다. 그런데 아이러니하게도 이런 과거 우크라이나의 문제가 지금 전쟁을 일으킨 러시아를 힘들게 하는 요인이 되었습니다. 러시아의 전쟁 비용이 어마어마하게 불어나기 때문이죠. 탱크는 연비가 매우 나쁜 차라고 생각하시면 됩니다. 그리고 탱크를 구동하기 위해서는 뒤에 유조차가 따라가야 합니다. 그런데 러시아의 유조차들이 계속 공격을 받으니까 일반 차량인 것처럼 위장하여 운행해야 했고 결국 이런 위장 때문에 러시아의 수송 능력은 떨어질 수밖에 없었습니다. 그래서 그 유명한 '60여 대의 전차가 고속도로에 묶여 있는 사진'이 등장한 겁니다.

우크라이나 국민의 끈질긴 저항과 젤린스키 정부의 격렬한 항전 의지도 변수로 작용해 러시아의 일방적인 승리로 끝날 것 같았던 전쟁은 하루하루 길어졌습니다, 러시아-우크라이나 전쟁의 향방을 두고 경제전문가들은 예상 시나리오를 단기전에서 장기전으로 바꿔야만 했습니다. 단기전이 되리라고 많이들 예상했지만, 이 예상이 빗나가 버렸습니다. 이렇듯 전쟁이 장기전으로 향하자 주식시장이 잠깐 환호하기도 했습니다. "전쟁의 총소리에 주식을 사라"라는 말이 또다시 효과를 입증한 순간이었죠.

전쟁이 장기전으로 가면 어떤 시나리오가 예상되나요?

장기전의 시나리오는 두 가지 양상으로 나뉠 수 있습니다.

첫 번째 러시아의 가장 끔찍했던 장기전인 1979년의 아프가니스탄 전쟁과 같은 양상입니다. 그 10년의 전쟁으로 결국 구소련이 무너졌습니다. 이른바, 열강의 무덤 아프가니스탄이라고 하죠. 이 전쟁과 1986년에 있었던 체르노빌 원자력 발전소 폭발 사고가 겹치면서 소련의 재정을 완전히 파괴했던 역사가 있습니다.

두 번째 시나리오는 더 무서운 확전으로 진행하는 양상입니다. 이 가능성을 배제하려고 서방 국가들이 처음부터 자신들은 직접 참전하지 않겠다고 한 겁니다. 그래서 젤린스키 대통령이 거듭 방공식별구역 내지는 비행금지구역을 설정해서 비행기를 격추해달라고 해

세 번째 위기, 세 번째 기회

도 계속해서 거부하고 있습니다. 우크라이나 영공의 비행체를 모두 식별하거나 공격할 수도 있게 되는 그런 조치는 자칫하면 확전으로 번지기 때문이지요.

이 전쟁이 어려운 점은 국제유가와 석유생산의 복합적인 문제로 러시아산 원유의 금수 조치를 할 수 없다는 겁니다. 2014년에 국제유가가 무려 배럴당 110달러 선에 있었습니다. 그처럼 유가가 치솟았던 것은 재스민 혁명● 때문입니다. 북아프리카에서부터 중동까지 이어지는 산유 지역에서 대규모 민중혁명이 발생했거든요. 리비아, 이집트나 튀니지의 경우에는 정부가 무너지거나 내전 상황에서 지도자가 살해되는 일까지 있었습니다. 그런데 이런 민주화 혁명과 내전 상태로 인한 위기

Tip 재스민 혁명

재스민 혁명은 2010년부터 2011년에 걸쳐 튀니지에서 일어난 혁명이다. 혁명의 결과로 튀니지 대통령이 24년 만에 대통령직을 사퇴하고 사우디아라비아로 망명하였다. 튀니지 혁명 이후 일어난 중동 및 북아프리카의 여러 혁명도 재스민 혁명이라고 부르기도 한다.

출처: 위키피디아

감이 고조되는 도중 러시아의 크림반도 합병 때문에 러시아에 대한 제재까지 겹치면서 국제유가가 급등했습니다. 그런데 2014년 연말 유가가 갑자기 하락했습니다. 재스민 혁명과 크림반도 분쟁으로 폭등했던 유가가 그해 연말이 돼서 다시 급락한 거죠. 미국이 사우디아라비아랑 협력해서 원유를 증산했기 때문이라는 음모론이 있었

던 것으로 기억합니다. 그러나 유가 하락의 진짜 원인은 '셰일 혁명'을 통해서 미국이 원유를 증산했기 때문입니다.

셰일오일을 어떻게 얻는지 아십니까?

땅을 파고 들어가 거기에 지하수와 모래와 약간의 화합 물질들을 섞어서 셰일이라는 물렁물렁한 암석층에 쏩니다. 그러면 셰일층에 가해지는 미세한 공기랑 액체들의 강한 분사 압력이 셰일층을 파괴하고 그 과정에서 물보다 가벼운 기체와 기름이 위로 뜹니다. 그걸 모은 게 셰일오일입니다. 그런데 문제는 셰일을 개발하기 위해서는 많은 투자가 필요하고 개발 이후에는 환경오염이 뒤따른다는 점이죠. 2014년 전쟁 당시에는 미국의 셰일오일 투자가 많이 이루어져 1,500개 이상의 천공을 했습니다. 그런데 지금은 그 숫자가 500개밖에 되지 않습니다. 첫 번째 이유는 코로나19 팬데믹 이후의 유가 급락이고, 두 번째로 바이든 행정부가 ESG(사회책임투자)를 중시하며 2050년까지 탄소 배출 제로화 계획을 발표해서 에너지에 대한 자본 투자를 줄였기 때문입니다. 세 번째로는 환경 문제의 부각입니다. 오클라호마 지역 같은 경우, 셰일오일 개발 이전과 비교해 지진의 발생 빈도가 10배 이상으로 관측되기도 합니다.

그래서 여기에 투자하려면 두 가지 전제조건이 필요합니다. 첫

세 번째 위기, 세 번째 기회

번째 앞으로도 유가가 오른다는 보장이 전제되어야 합니다. 그리고 두 번째 원유를 생산하려면 전망도 밝아야 하지만, 주변 환경 문제나 규제와 같은 문제들이 풀리지 않으면 안 됩니다. 국제사회는 2050년까지 탄소 배출 제로를 꿈꾸고 있습니다. 30년의 여유가 있죠. 그러나 이 목표를 위해서는 큰 노력과 기술 혁신이 필요하고, 투자자에게 30년은 짧은 시간입니다. 원유를 위한 대규모의 설비, 지진 문제를 비롯한 여러 가지 환경 문제 때문에 인구가 많은 지역에서는 개발이 힘들며, 이런 지역에는 인프라의 확충도 필요합니다.

이런 복합적인 문제로 안정적인 원유 수급이 어려워질 거라는 예상에 더해, 전쟁까지 일어났습니다. 원유 시장에서 BIG 3 산유국은 미국, 러시아, 사우디입니다. 사우디는 아직 증산을 안 하고 있고, 미국의 셰일오일 생산은 투자 부족과 여러 제약을 안고 있습니다. 러시아는 노드스트롬의 문을 닫겠다고 합니다. 유일한 대안은 미국이 셰일 규제를 푸는 것인데 아직 뚜렷한 방안이 나오지 않고 있습니다. 전 세계 15개의 석유 메이저들이 작년 벌어들인 돈 중 설비 투자에 쓴 돈의 비중은 38%입니다. 상대적으로 투자를 적게 한 것이죠. 석유 기업들은 배당도 하고 새로운 먹거리를 찾아야 하기 때문입니다.

미국은 계속해서 러시아에 대한 추가 제재를 하고 있습니다. 그리고 러시아의 가스 금수 조치 같은 것들이 무섭게 작용할 수 있습니다. 전쟁을 치르기 위해서는 막대한 자금이 필요합니다. 그런데 러시아의 GDP는 한국보다도 적습니다. 한마디로 말해 우리보다 경제가 작은 나라가 20만 명 이상의 군인을 투입해서 전쟁을 진행하는 와중에 다른 나라로 수출해서 돈을 벌어들일 수 있는 원유나 가스 공급이 중단되는 거지요. 전쟁을 수행하려면 기본적으로 경제력이 필요한데 이게 고갈되면 전쟁을 계속할 수 있겠습니까? 그래서 전문가들이 러시아가 전쟁을 못 할 것이고 액션만 취할 거라고 예상을 했었습니다. 러시아에 관해 남아 있는 우려는 비합리성의 영역으로 넘어가 손익계산의 영역을 넘어서기 시작하면 다른 나라가 원유 수입을 안 하겠다가 아니라 그들 스스로 파이프라인을 끊는 행동을 할 수 있다는 겁니다. 나를 규제하고 있는 남들도 고통스럽게 만들겠다는 전형적인 인질 스토리입니다.

러시아의 졸전과 경제력이라는 이 두 요소가 불확실성을 자극하니까 투자자들이 일단 에너지나 밀 같은 원자재를 지금 쟁여놓자는 생각을 하게 되었습니다. 이런 예상은 채찍 효과•(Bullwhip Effect)를 불러일으키고 원자재 수요를 증폭시킬 수 있습니다. 이 채찍 효과의 가장 중요한 핵심은 과잉 주문입니다. 어떻게 될지 모르니 일단 어떤 가격에든 잡아두겠다는 사람들이 생기면서 비상업적 주문, 즉 투기 수요까지 늘어나는 겁니다. 결국 수요가 10~20%만 늘어도 가격은 두 배로 뛸 수 있습니다. 그래서 유가가 200달러까지 갈 수도 있다는 게 펀더멘털의 영역이 아닌 특수영역이고 공포심리의 영역까지 접어들 수 있습니다. 이코노미스트들이 하는 이야기는, 이런 정도로 국제유가가 상승하면 미국이 셰일오일을 생산하지 않겠냐는 겁니다.

Tip 채찍 효과(Bullwhip Effect)

고객의 수요가 상부 단계 방향으로 전달될수록 단계별 수요의 변동성이 증가하는 현상을 말한다. 소를 몰 때 긴 채찍을 사용하면 손잡이 부분에서 작은 힘이 가해져도 끝부분에서는 큰 힘이 생기는 데에서 붙여진 이름으로, 황소채찍 효과라고도 한다.

출처: 두산백과 두피디아

이렇게 유가가 급등한 적이 과거에도 있었습니까?

과거에도 유가가 1년 안에 2배 이상 뛴 적이 20년 사이에 두 번이나 있었습니다. 2003년 이라크 전쟁 때 유가가 2배 이상 급등했습니다. 2007~2008년에는 중국 수요에 대한 기대에 투기수요까지 가세했습니다. 베이징 하계올림픽이 열리면서 고속도로며 철도망은 물론이거니와 지하철 노선도 한 번에 13개나 깔았던 때입니다. 스케일이 큰 중국의 원자재 수요에 대한 기대가 높아진 상황에서 셰일오일의 생산은 그 기대에 미치지 못했습니다. 그래서 2007년 50달러였던 유가는 146달러까지 거의 3배가 됐었습니다. 유가가 그처럼 폭등하리라고는 누구도 상상조차 하지 못했습니다.

이런 일들은 원자재 시장에서는 빈번하게 벌어집니다. 그래서 개인투자자들은 함부로 투자하면 안 되는 시장이지요. 특히 이번에 니켈에 관련한 인버스 ETN_(상장지수증권)은 상장 폐지를 당했습니다. 두 배 인버스라서 1% 오르면 2% 손실이 나고 반대로 1% 낮아지면 2% 이익이 나는 그런 구조의 상품인데, 하루에 거의 100%가 올라서 단번에 상품 가치가 0이 되어버렸습니다. 여기서 원자재 시장이 갖는 두 가지 특성이 다 나왔습니다. 하나는 장기투자를 해야 하는데 미래가 너무 불확실하다는 것이고, 둘째로 전쟁이나 휴전 등 정치적인 문제와 너무 많이 연관되어 있다는 겁니다. 그래서 지정학의 시대가 돌아왔다는 얘기들이 지금 솔솔 나오고 있는 겁니다.

세계화와 돈의 논리만 생각하면 되던 시대가 러시아의 크림반도 침공 이후에 많이 바뀌었습니다. 러시아를 중국이 감싸고 돌면서 그 상황에서 세계 경제가 어떻게 되고 투자자의 관점이 어떻게 되는지, 우리 경제는 어떻게 되는지, 심사숙고해야 하는 지점입니다. 이 상황에서 원자재 시장이 이렇게 흔들리고 에너지 가격도 치솟는데, 지금 당장은 괜찮더라도 사태가 길어지면 우리 경제도 영향을 안 받을 수 없는 게 현실입니다. 현대차나 기아차 주가를 보더라도 알 수 있듯이 지금 러시아에서 비즈니스하고 있는 분들에게는 고통의 시간이 아닐 수 없습니다.

유가가 오르면 우리 경제에 미치는 영향이 클 텐데요?

　현재 우리나라의 수출 순위를 보면 1위가 반도체, 2위는 석유화학, 5위는 석유 정제 제품, 10위는 조선입니다. 이 순위로 미루어 보면 우리는 유가가 오르면 좋은 나라입니다. 한편으로는 한국의 경제에 대해 많은 비판이 있습니다. '불평등하다', '정부 재정이 문제다', '부동산 가격이 급등하면서 가계부채 문제가 심각하다'는 시각이 있습니다. 하지만 한국 경제에는 장점도 있습니다. 한국은 수출이 다변화되어 있고 주력 수출 산업이 어떤 거라고 단언할 수 없는 대단히 드문 나라입니다. 대만을 보면 TSMC•(Taiwan Semiconductor Manufacturing Co. Ltd)라는 한 회사의 영향력이 절대적입니다. 삼성을 위시한 우리나라 대기업들이 잘하는 부분이 있지만, 우리 경제의 지난 10년을 보면 다양한 주력 수출 산업들이 계속 등장했습니다. 시가총액을 보면 바이오 기업, 인터넷 기업, 게임 회사, 2차 전지 관련 회사 등 다양한 업종의 회사가 순위권에 포진한 것을 볼 수 있습니다.

Tip TSMC

세계에서 가장 큰 반도체 제조 기업이다. TSMC는 다양한 웨이퍼 생산라인(고전압, 혼합신호, 아날로그)을 제공할 뿐만 아니라, 프로그램 가능 논리 소자(Programmable Logic Device) 생산라인에서 최고로 알려져 있다. ATI 테크놀로지스, 브로드컴, 코넥산트, 마벨, 엔비디아, VIA 테크놀로지스 같은 다수의 팹리스 첨단기술 회사는 TSMC의 고객이다.

출처: 위키피디아

이렇게 우리가 좋게 얘기하면 역동적이고, 나쁘게 얘기하면 국내 수요만으로는 도저히 감당이 안 될 정도로 공장이나 콘텐트 생산량이 많은 나라입니다.

　유가가 오르면 단기적으로 우리 경제가 좋을 수는 있지만, 동시에 환율이 올라가면 원자재 수입 물가도 올라갑니다. 그런데 우리가 애플처럼 원자재의 가격 상승을 가격에 모두 반영할 수 있느냐 하면 그렇지는 않습니다. 이제 환율이 1,230원을 넘어섰습니다. 수출이 잘 되면 환율이 떨어져야 하는데 지금은 굉장히 예외적인 상황입니다. 이는 공포로 인해 투자자들이 달러나 금, 원유 같은 안정적인 자산을 비축하면서 발생한 상황입니다. 이건 우리 경제의 양면적인 일입니다. 수출 기업들은 원자재 가격 상승 때문에 부담이 컸는데 환율이 오르게 되면 다시 경쟁력이 높아지게 됩니다. 하지만 이런 순환이 이어지면 인플레이션이 발생합니다.

　우리나라 전체 식량자급률 통계를 보면 20%대를 30년째 유지하고 있습니다. 식생활의 변화로 빵의 소비가 늘었고, 이를 만드는 밀가루 등의 재료는 대부분 수입에 의존합니다. 80년대부터 곡물 가격도 올라가고 있고 이런 변화가 모여서 국내의 엥겔지수*가 올랐다는 이야기까지 나오고 있습니다. 또 기름값이 천정부지로 올라가고 있습니다. 정부 재정은 흑자가 나니까 유류세는 감면하는 방향으로 가겠지만 인플레이션은 막을 수가 없습니다. 이런 흐름을 막기 위해

한국은행은 금리 인상을 안
할 수가 없는 겁니다.

외국 자본 유출 걱정을
안 하고 있는데, 이미 금리
인상 전부터 외국인은 열심
히 주식을 매도하고 있습니
다. 현재는 수출로 경상수지

엥겔 계수

엥겔 계수는 총지출에서 식료품비 지출
이 차지하는 비율을 계산한 값이며, 이
값이 저소득 가계에서 높고 고소득 가
계에서 낮다는 통계적 법칙을 엥겔의
법칙이라 한다.

출처: 위키피디아

흑자가 많이 나고 외환보유고가 충분하기에 외환 문제를 고민할 상
황은 아닙니다. 그런데 문제는 환율이 자꾸 올라가기 시작하면 인플
레이션 기대가 부풀어 오릅니다. 아직은 우리나라 소비자 물가 지수
가 괜찮지만, 향후 환율이 오른다는 기대가 형성되면 생필품뿐만이
아닌 서비스를 비롯한 다른 모든 물가가 오를 수 있습니다.

지금 물가를 잡기 위해서 어떤 조치가 필요한 상황이 아닌
가요?

지금 연준이 금리 인상을 서둘러야 하는데 전쟁 중에 금리를 공
격적으로 올리기가 쉽지 않습니다. 이건 연준뿐만 아니라 각국 중앙
은행의 공통된 어려움입니다. 자국의 경제가 어려운 상황에서 세계
경제 전쟁이 시작됐습니다. 경제 전쟁에서 이기는 게 중요하기 때문
에 러시아가 자국의 자원을 소진하게 하려면 저금리 전략을 써야 합

니다. 더 나아가서 바이든 행정부는 올해 국방 예산을 올렸습니다. 전 세계가 국방 예산을 더 올릴 수밖에 없는 시대로 가고 있습니다. 그러면 각 정부 재정적자가 발생합니다. 정부는 재정적자를 덜기 위해서 채권의 이자율을 떨어뜨려야 합니다. 전쟁 중에 인플레이션이 발생하는 첫 번째 이유가 사재기와 투기적 수요라면, 두 번째는 인플레이션이 나더라도 중앙은행이 금리 인상을 못 할 거라는 기대감 때문입니다.

그런데 지난 의회 청문회에서 연준이 금리 인상을 몇 %까지 구체적으로 말한 것은 실책이 아닌가 싶습니다. 이런 말을 하게 된 배경으로, 미국의 고용보고서를 보면 매월 30만 개의 새로운 일자리가 생기고 있습니다. 이는 미국이 출산율이 높은 나라이기 때문에 가능한 겁니다. 이렇게 일자리가 늘어나 경기회복세가 과열되고 임금의 상승도 가팔라진다면 연준은 금리 인상이 필요하다고 느끼고 금융시장의 안정을 위해서 자세한 발표를 선택한 것으로 생각합니다. 하지만 이런 말은 결국 스스로 행동 범위를 제약하는 격입니다.

한국은행의 성장률 전망은 3.0%였는데 아마도 그건 좀 어려울 것 같습니다. 그런데 만약 금리를 안 올리고 경기가 과열된다면 숫자 자체는 높아질 수도 있습니다. 이게 정말 어려운 얘기입니다. 경제 전망을 하는 사람이 경제성장률에 영향을 미칩니다. 그 당사자가 한국은행이니까 그렇습니다. 그래서 한국은행의 전망은 2022년 한

해 3.0%의 성장을, 특히 상반기에는 2.8%이고 하반기에는 3.1%로 오히려 높아지는 낙관적인 전망을 제시했습니다. 이것은 금리를 인상하겠다는 의지를 담은 전망입니다.

그런데 이게 가능한지 보겠습니다. 수출 상황은 좋습니다. 환율의 상승과 원유를 비롯한 각종 자원 가격 상승을 최종 가격에 반영할 수 있는 산업이 있는 덕분입니다. 어려움이 생길 수 있는 쪽은 내수 서비스 산업입니다. 수출은 잘되니까 기업들 투자도 잘되고 그래서 성장은 괜찮을 것으로 예상하는데, 인플레이션에 금리가 인상되면 민간 소비는 힘들어질 수밖에 없습니다. 그래서 우리 GDP는 코로나19 팬데믹 이전 수준을 회복했는데, 민간 소비는 아직 거기에 미치지 못하는 겁니다.

코로나19 팬데믹 때문에 민간 소비가 좋지 않고 자영업을 하시는 분들은 힘든 시간을 보내고 있습니다. 특히 지난해 4분기 가계동향 조사 보고서를 보면, 가계에 소득이 얼마나 올랐냐는 질문에 6% 정도라는 답을 했습니다. 우리나라 경제성장률 4%에 물가가 2% 정도 올랐으니까, 이 정도는 괜찮습니다. 소득이 증가했으니 인플레이션에도 경제가 얼어붙는 상황은 아닙니다. 그런데 인플레이션이 높아지면 실질적 소득이 줄어듭니다. 물가는 오르는데 월급은 그대로라면 실제로 월급은 줄어든 것과 마찬가지입니다. 지금 부동산 가격

폭등에 고통을 받는 국민이 많습니다. 여기에 소비가 위축되는 리스크는 어쩔 수 없는 부분입니다.

한국은행은 앞으로 힘든 선택을 해야 할 겁니다. 환율을 어떻게 안정시켜 해외 투자자들에게 우리 경제의 안정성을 보여줄 수 있는지와 동시에 민간 소비도 살려야 합니다. 인플레 억제를 위해 금리를 인상하면서 경기는 어떻게 살릴 것인가를 고민해야 합니다. 그리고 정부는 재정 흑자가 작년에 마이너스니까 그걸 활용해 올해 추경을 더 편성하는 정책들을 펼칠 가능성이 있습니다. 그래서 금융시장의 참가자들은 이런 상황을 기대하는 분위기입니다.

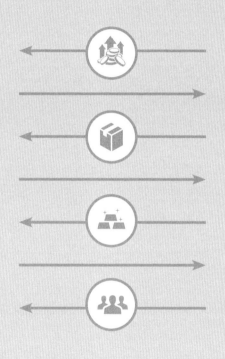

이종우

연세대학교 경제학과를 졸업한 뒤 1992년 대우경제연구소를 시작으로 대우증권 투자전략팀장, 한화증권 리서치센터장, 현대차증권 리서치센터장, 아이엠증권 리서치센터장, IBK투자증권 리서치센터장 등을 거쳤다. 낙관 속에서 위기를 경고해 적중시킨 실적으로 '한국의 닥터 둠'이라는 별칭을 얻었다. 저서로는 『기본에 충실한 주식투자의 원칙』 등이 있다.

Q 우리 경제에 인구 감소가 아무래도 영향을 미치겠죠?

A 인구 급감은 부동산 시장에 큰 변수입니다. 일본의 경우 전국의 빈집 수가 1000만 채에 달하는데 그 증가세가 꺾이지 않고 있습니다. 더욱이 이런 빈집은 지방에 몰려 있습니다. (중략) 하나의 시·군이 유지되려면 인프라 운영 자금이 필요한데 인구가 빠져나가면서 인프라 유지를 위한 공공요금 인상, 인구의 추가 유출, 지방 소멸로 이어집니다.

02

인구 급감, 왜 심각한 문제인가

이종우

저는 고등학교 입학시험을 치르던 시대에 청소년기를 보냈습니다. 그때는 출산율이 높고 학령인구가 많은 데 비해 대학교 입학 정원은 한정되다 보니 학교 타이틀이 이른바 출세를 보장했습니다. 그중에서도 명문 학교에 가기 위한 경쟁은 더욱 심했습니다. 부모들의 교육열과 학생들의 진학 의지가 치열했지요. 오죽하면 과외가 사회문제가 되고 국가에서 과외를 금지했겠습니까.

그런데 지금은 격세지감이 듭니다. 대졸 프리미엄은 오래전에 사라졌습니다. 학령인구가 줄어들고 대학교 입학 정원이 남아돌아 학과를 통폐합하는가 하면, 폐교 위기에 놓이는 대학교들이 생겨나고 있습니다.

이러한 고등학교·대학교 사례는 저출산, 인구 급감이 사회 전체에 가져온 커다란 변화 중 일부분입니다. 출산 급감으로 군의 편제가 바뀌고, 복지 정책의 포커스가 바뀌었으며, 4인 이상을 상정하고 제품을 만든 과거와 달리 1인용 주택이나 전자제품이 나오고 있습니다.

기획재정부 통계에 따르면 2020년 약 3,700만 명인 생산가능인구(15~64세 인구)가 2040년 23% 줄어든 2,800만 명, 2070년에는 53% 줄어들어 1,700만 명으로 감소합니다. 이 추세로는 내수와 생산 활동의 위축에 따른 만성 불경기, 연금 고갈 등 악순환에 빠질 거라는 기우가 현실이 될 수 있습니다. 홍남기 전 경제부총리는 우리 사회가 밑바닥에서부터 흔들린다는 의미로 '인구 지진'이라는 표현을 쓰기도 했는데, 저도 이 표현에 공감하며 저출산을 핵폭탄보다 무섭게 받아들이고 있습니다.

경제의 미래를 논할 때 자주 언급되는 사례가 일본의 '잃어버린 30년'입니다. 이 사례는 유동성 확대 일변도에 따른 버블, 정부의 대응 실패가 원인으로 거론되는데요. 사실 뜯어보면 넘쳐나는 유동성이 일본만의 문제도 아니었고 일본 경제가 구조적으로 부실한 상태도 아니었습니다. '잃어버린 30년'에 접어들기 전 일본 국가부채 비율은 60%밖에 안 됐으니, 현재 기준으로도 굉장히 우량한 국가라고 할 수 있죠. 국가의 순자산 규모, 제조 경쟁력도 세계 최고였습니다. 그런데 왜 일본만 나라의 경제가 그토록 무너지고 미국을 이긴다던 때의 수준을 회복하지 못하느냐는 겁니다. 저는 저출산과 생산가능 인구 감소가 핵심 원인이라고 봅니다.

현재 일본 인구 중 65세 이상 노인의 비중은 약 30%에 달합니다. 2005년부터 사망이 출생보다 많은 데드 크로스*(Dead Cross)가 발생했고 인구 감소 폭이 커지고 있습니다. 2005년 자연 증감이 2만 명대였는데 이제는 매년 50만 명 넘는 인구가 줄고 있습니다.

러시안 크로스(Russian Cross)

출생아 수가 사망자 수를 밑돌아 자연 감소하는 인구학적 현상을 말하며, 한국에서는 데드 크로스라고 부르기도 한다. 러시아, 우크라이나, 불가리아 등 구소련 및 동구권 등 유럽에 속한 구공산권 국가들이 붕괴 이후 자연감소가 발생하면서, 단어가 사용되기 시작했다.

출처: 위키피디아

일본의 인구 변화가 우리에게 주는 교훈은 두 가지입니다. 하나는 장기적이고 실질적인 인구정책이 필요하다는 것입니다. 일본의 고령화가 빠르고 유독 심한 데는 인구 증가 자체가 세계 평균보다 더 빨랐던 역사적 배경이 있습니다. 우리나라도 그렇고 1950년대 중반이 본격적으로 양국의 인구가 늘어난 시기였는데요. 일본은 1947년을 시작으로 1955년까지, 또 1967년부터 1978년까지 해마다 100만

명 이상 인구가 늘었습니다. 더 빠르게 인구 증가를 겪었고 준비되지 않은 상태에서 고령화를 맞닥뜨린 통증이 계속 이어지고 있는 것입니다.

둘째, 주거 안정과 복지로 대표되는 도시 정책이 정말 중요하다는 점입니다. 일본도 대도시, 특히 도쿄 집중 현상이 매우 심하다 보니 지방의 많은 인구가 도시로 몰렸습니다. 그렇다 보니 양질의 일자리와 주택 공급이 수요만큼 이뤄지지 못했습니다. 경기 부양, 세계적 호경기로 인한 물가 상승 수준을 근로소득으로 감당하지 못하는 소득 중·하층이 많아졌습니다. 아울러 이런 상대적 빈곤이나 생활고는 적게 낳아서 훌륭하게 키우는 게 좋다, 심지어는 낳지 말자 하는 데까지 이어집니다. 이 패턴, 굉장히 익숙하지 않으십니까? 우리나라의 현재 상황과 멀리 있는 일이 아닙니다.

인구를 억지로 늘릴 수도 없고, 또 인구의 감소는 자연스러운 현상이 아닌지 반문도 있을 것 같습니다. 그러나 그렇다고 손 놓고 있기엔 국가 경제 구조가 취약해지고 이는 개인의 삶에도 악영향을 주게 됩니다. 무엇보다도 저출산·고령화는 시장의 기반을 이루는 생산가능인구 감소로 이어집니다. 일반적으로 생산가능인구가 일해서 번 돈으로 소비도 많이 할 때 시장에 활력이 돌고 경제가 튼튼해지는데요. 지금 일본은 1990년대 대비 수출이 두 배 정도 많지만, 고령

인구 비중이 커지면서 소비는 1990년 대비 30% 정도 감소했고 경기는 위축돼 있습니다. 세수도 적고, 정부는 임시방편으로 국채를 발행하고, 기업은 소극적으로 투자하면서 시장이 저혈압이나 경색 같은 상태라 볼 수 있습니다. 특히 국채를 보면 2000년부터 2020년까지 20년 동안 725조 엔(약 7,100조 원) 늘었습니다. 세수 부족으로 인한 발행이 184조 엔, 고령화 관련 복지 비용 지출을 위한 발행이 315조 엔입니다. 세수, 고령화 문제를 단시간에 해결하기는 어려우므로 닛케이 신문은 '잃어버린 40년'에 접어들고 있다고 보도하기도 했습니다.

인구 급감은 부동산 시장에 큰 변수입니다. 일본의 경우 전국의 빈집 수가 1,000만 채*에 달하는데 그 증가세가 꺾이지 않고 있습니다. 더욱이 이런 빈집은 지방에 몰려 있습니다. 빈집

Tip 전국의 빈집 수가 1000만 채

2018년 일본 총무성 조사에서 거주 세대가 없는 주택은 846만 호.
주택 상속자들이 고정 자산세 문제로 거주하지 않지만 집을 남겨두어 사회 문제로 떠오르고 있다.

출처: KBS 뉴스 기사

이 늘어난다는 건 인구가 떠나고 새로 이사 오는 사람은 없다는 것이죠. 하나의 시·군이 유지되려면 인프라 운영 자금이 필요한데 인구가 빠져나가면서 인프라 유지를 위한 공공요금 인상, 인구의 추가 유출, 지방 소멸로 이어집니다.

눈여겨볼 것은 그렇다고 '대도시 불패'가 계속된 것 또한 아니라는 점입니다. 일본 집값이 2004년에 바닥을 찍었다고 하는데, 이때가 1946~1964년생 베이비붐 세대가 은퇴하고 수입원이 없어지기 시작한 시점입니다. 그런데 출산율 하락으로 시장에 나온 집을 사줄 사람이 적어진 것이죠. 인구수 자체가 줄었고 크게 오른 부동산 가격을 감당 가능한 수요가 한정돼 있었습니다. 받침대가 무너진 형태라고 할 수 있습니다.

저는 작금의 우리나라 부동산 시장을 보면서 한편으로 우려하는 마음이 듭니다. 수요-공급과 직결되는 인구 구조가 일본과 비슷한 모양으로 만들어지고 있으니 말입니다. 우선 한국도 베이비붐 세대 인구가 많죠. 1950년대 후반부터 1960년대까지 해마다 70만 명씩 인구가 늘었습니다. 그런데 이들이 경제활동을 멈추는 시기에 접어들고 있습니다. 정확한 시기 예측은 신의 영역이지만 어느 순간 매물이 많이 나올 때 받침목 역할을 할 청년·중년층의 수와 구매력이 베이비붐 세대보다 적습니다. 서울을 비롯한 수도권은 불패라고 하지만 수도권도 인구 구조가 다르지 않음을 생각하면 거래가격 급락과 혼란에 대한 대비가 필요합니다.

인구 급감은 주식시장까지도 영향을 미칩니다. 고령 투자자는 대체로 보수적인 투자 경향을 보이는데요. 미국, 일본, 한국의 연구

결과를 보면 고령 투자자들은 주로 부동산, ETF, TDF(생애주기펀드, Target Date Fund) 등 원금 손실 가능성이 거의 없고 안정적인 상품에 투자하는 비중이 더 컸습니다. 주식 포트폴리오도 우량주 중심으로 구성하고 암호화폐, 선물·옵션 거래는 피했습니다. 이러한 선호에 부합하여 은행, 증권사, 자산운용사들도 고령 투자자 대상으로는 변동성보다 안정성에 초점을 맞춘 상품들을 선보이고 있습니다. 이러한 안정 선호 성향이 주를 이루면 장기적으로 기존 우량기업엔 투자가 집중되는 반면 벤처를 비롯한 성장주 투자 자본은 줄어들 가능성이 있습니다.

안유화

중국 길림화공대학교 화학공정학과를 졸업하고 연변대학교에서 경제학 석사, 한국 고려대학교에서 경영학 박사 학위를 받았다. 1993년 연변대학 교수를 시작으로 한국자본시장연구원, 국제금융연구실 연구위원, 한국지식재산위원회 활용분과 위원 등을 거쳤다. 현재는 성균관대학교 중국대학원 금융학과 교수, 삼성경제연구소 자문위원 등을 맡고 있다. 주요 저서로는 『중국발 금융위기, 어디로 갈 것인가』, 『혼돈의 시대, 명쾌한 이코노믹스』 등이 있다.

Q 우크라이나 전쟁에 대한 중국의 태도는 어떤가요?

A 중국은 러시아의 힘이 약해지는 게 달갑지 않을 것입니다. 그래서 중국에서 내보낸 뉴스는 다 러시아 중심으로 되어 있습니다. 다른 나라는 일반적으로 우크라이나 중심의, 서방의 관점에서 뉴스를 내보내니까 중국은 그에 대항해 러시아 위주의 보도를 하는 겁니다.

03

미국도 이젠 옛날의 미국이 아니다

안유화

중국은 왜 제로 코로나를 유지하고 있을까요?

중국 당국도 '제로 코로나'가 힘들다는 것은 확실히 알고 있습니다. 그러나 이런 정책을 해제하는 데 필요한 선제조건이 있습니다. 우선 '위드 코로나'로 넘어가면 주의를 기울여야 하는 연령대는 영유아와 노인 인구입니다. 중국은 인구수가 많아서 어린이를 제외해도 노인 인구가 2억 5,000만 명에 육박하고, 여기에 오미크론의 전파율 0.3%를 대입하면 60~70만 명의 위·중증 환자가 발생하게 됩니다. 이런 환자들을 충분히 제어할 수 있어야만 위드 코로나가 가능해집니다.

첫 번째로 이런 중증 환
자를 위한 ICU*(집중치료실)
가 부족합니다. 해당 시설
에 필요한 전문인력도 필요
하기에 중국에는 시설과 인
력 양성을 위한 시간이 필요
합니다. 두 번째는 치료제가

Tip **집중치료실(Intensive Care Unit; ICU)**

병원 시설의 일종이다. 호흡, 순환, 신진
대사 등 기타 심각한 급성 기능 부전 환
자의 용태를 24시간 체제로 관리하고,
효과적인 치료를 목적으로 한다.

출처: 위키피디아

있어야 하고, 마지막으로 고령 인구의 백신 접종률을 80% 이상 끌
어올려야 합니다. 이런 조건을 만족하려면 반년 이상의 시간이 필요
한데 10월에 중국 공산당 제20차 전국대표회의가 열립니다. 이런 큰
행사를 앞두고 사회의 안정이 더 중요하기 때문에 섣부른 위드 코로
나를 선택할 수 없다고 생각합니다.

상하이 봉쇄 조치가 중국과 전 세계 경제에 어떻게 다가올까요

상하이 봉쇄 조치는 중국 전체 경제와 글로벌 공급망에 엄청난
영향을 미칩니다. 2021년 기준 상하이가 중국 전체 GDP에서 차지하
는 비중은 3.8%입니다. 그리고 금융 중심지답게 중국 전체 금융시장
에서 8.6%를 차지하며 물류, 도매, 서비스업 같은 다른 업종도 3~5%
를 차지할 정도로 아주 큰 도시죠. 중요한 건 중국의 재정 세수체계
입니다. 기본은 지방에서 세금을 받고 중앙에 올라간 다음 교부를

받는 방식입니다. 중앙으로 보내지는 세금 납부액 순위는 1위 광둥(廣東) 2위 상하이(上海) 3위 베이징(北京) 이후로 장쑤성(江蘇省), 저장성(浙江省), 산둥성(山東省), 톈진(天津), 푸젠성(福建省) 순이고 이 1, 2, 3위의 규모가 가장 큽니다. 중앙정부에 내는 세금을 금액으로 보면 광둥이 1조2,000억 위안, 상하이가 1조 위안, 베이징이 8,000억 위안입니다. 그런데 그중에 상하이가 봉쇄되면 중앙정부 예산 중 1조 위안이 없어집니다. 중국의 나머지 지역은 다 적자이기 때문에 중앙의 교부금으로 지방정부를 유지하는 형편인데, 그 돈이 사라지는 거죠. 그러면 지금 정부에 엄청난 재정 부담을 주는 거고요.

두 번째는 글로벌 공급망의 문제입니다. 중국은 전 세계 수출의 13.6%, 수입의 11%를 차지하고 있고 세계에서 가장 큰 생산 공장이라고 볼 수 있습니다. 중국이 멈추면 전 세계의 생산이 멈춘다고 보시면 됩니다. 생산 가치를 봤을 때, 중국이 4조 달러, 미국 2조3,000억 달러, 일본 1조 달러, 독일 8,600억 달러인데 한순간에 4조 달러가 멈추면 영향이 클 수밖에 없겠죠. 또 전 세계 10대 항구 중 중국의 항구가 높은 순위를 차지하고 있습니다. 공급망의 중심에 있다는 뜻이죠. 이런 공급망에서 한 부분에 문제가 생기면 연쇄적으로 모든 나라의 물가에 영향을 미치게 됩니다. 상하이 양산항(洋山港)의 규모는 1년에 4,700만 TEU*를 처리할 정도로 가장 크고, 2위가 싱가포르, 3위는 저장성의 닝보항(寧波港)입니다. 그리고 톈진항(天津港),

광저우항(廣州港) 순인데 싱
가포르 이외는 모두 상하이
주변에 있습니다. 이번 상하
이 봉쇄로 원래는 상하이를
거쳐서 각 항구로 분배가 되
는 물류가 모두 멈추게 된
것입니다. 이게 가장 큰 문제

TEU(Twenty-foot Equivalent Unit)

20피트(6.096m) 표준 컨테이너의 크기를 기준으로 만든 단위로 배나 기차, 트럭 등의 운송 수단 사이에 용량을 비교하기 쉽게 만들었다.

출처: 위키피디아

입니다. 엄청난 물류 대량 공급 대란이 발생했기 때문이죠.

공급망도 문제지만 유가에 대해서는 어떻게 생각하십니까?

바이든 대통령은 다른 국가들에 비축유를 추가 방출해달라고 요청했습니다. 미국 내 인플레이션이 너무 심하기 때문입니다. 유가의 움직임에는 러시아·우크라이나 전쟁에 따라 여러 가지 변수가 많습니다. EU와 미국이 러시아에 제재를 가하면서 러시아로부터 석유를 사는 국가까지 제재하고 있습니다. 러시아가 세계에서 두 번째로 큰 석유·천연가스를 공급하는 국가인데 그 물량이 안 나오니까 유가가 올라갈 수밖에 없는 상황입니다.

저는 우크라이나 전쟁의 결과가 미국의 선택으로 정해진다고 생각합니다. 지금 전쟁이 길어지는 이유는 미-러-중 삼국의 대치 구도에서 미국이 다시 패권을 잡기 위한 사전 작업이 진행 중이기 때문입니다.

　지금 미국과 EU는 우크라이나에 무기나 물자는 지원해주고 있지만, 젤린스키가 요청하는 만큼 충분히 협조해주지는 않습니다. 우크라이나 영공의 제공권을 속 시원히 장악하지 않는 게 그런 예입니다. 미국이 제대로 협조하지 않는 이유는 가장 강력한 경쟁 상대인 중국을 견제하기 위해서입니다. 지금 미국과 중국의 대립 구도에 러시아가 어떻게 가세하느냐에 따라 3자 역학 구도가 바뀌게 되어 있고, 만약 러시아가 중국과 손을 잡으면 미국이 그들을 상대하기가 쉽지 않게 됩니다. 그런데 러시아는 전쟁의 여파로 지금 파산 직전으로 가고 있고, 미국은 이 전쟁을 오래 끌어서 러시아를 고사시킬 수 있으면 이득이죠.

　우크라이나는 이 전쟁을 빨리 끝내고 싶겠지만 미국과 이해관계가 맞지 않는 상황입니다. 젤린스키는 돈바스를 그냥 내주더라도 전쟁을 빨리 끝내고 싶겠지만 저는 바이든이 미국의 중간선거를 위해 전쟁을 미루는 것으로 생각합니다. 8~9월 정도에 전쟁을 끝내버리고 그다음 이슈를 미국과 중국의 갈등으로 가져가는 겁니다. 그게 바이든의 중간선거 때 유리하게 작용할 수 있기 때문이지요. 이렇게 전쟁이 길어진다면 원유공급이 줄어들기 때문에 가격이 하락할 수 있는 공간이 줄어든다고 생각합니다.

중국과 러시아의 관계에 관해 설명해주셨는데 시노펙의 러시아 거래중단은 어떤 의미인가요?

중국이 러시아 제재에 동참한 것은 아닙니다. 중국에서 내보낸 뉴스는 다 러시아 중심으로 되어 있습니다. 다른 나라는 일반적으로 우크라이나 중심의, 서방의 관점에서 뉴스를 내보내니까 중국은 그에 대항해 러시아 위주의 보도를 하는 겁니다.

그런데 중국의 시노펙*이나 시누크 같은 대형 정유 회사들과 러시아의 가스·석유 거래가 중단된 것을 의아

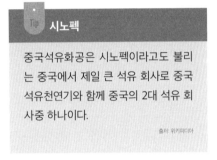

> **Tip 시노펙**
>
> 중국석유화공은 시노펙이라고도 불리는 중국에서 제일 큰 석유 회사로 중국 석유천연기와 함께 중국의 2대 석유 회사중 하나이다.
>
> 출처: 위키피디아

해하실 수 있습니다. 거기에는 두 가지 이유가 있습니다. 첫 번째, 만약 거래를 계속했을 때 관련 기업들이 미국의 제재를 받을 수 있습니다. 이 기업들은 전 세계를 상대로 거래를 하며 달러 결제를 하는데, 이들이 세컨더리 보이콧을 당해서 결제가 막히면 가뜩이나 경제가 안 좋은 상황에서 큰 타격을 입을 수 있거든요. 두 번째, 중국은 이 상황을 안정성 확보 차원에서 좀 더 지켜보려는 것 같습니다.

석유가 화두로 나왔는데 사우디의 원유결제 위안화 고려는 어떻게 생각하십니까?

중국은 2009년에 위안화의 국제화를 선포했습니다. 국제통화라는 것은 세 가지 기능을 할 수 있어야 합니다. 첫 번째로 결제, 글로벌 무역에서 위안화 결제가 가능해야 합니다. 두 번째로 투자, 해외 투자를 할 때 위안화로 직접투자가 가능해야 합니다. 세 번째는 보유 통화, 예를 들자면 한국은행의 보유 외환 중에 위안화가 있는 거죠. 이 세 가지 기능이 국제적으로 이루어져야 국제통화라고 할 수 있습니다. 그래서 중국은 2009년부터 2013년까지 무역 결제 통화 확산을 위해 전 세계에 위안화 청산결제은행을 만들었습니다. 한국에서는 교통은행이 해당 업무를 맡고 있습니다.

2015년에는 IMF의 SDR* 통화 바스켓에 위안화가 10.92%로 편입이 됩니다. 위안화가 명실상부하게 국제통화가 된 거죠. 특히 국제통화의 핵심은 석유의 결제 여부입니다. 중국이 석유를 수입하는 국가 중 1위가 사우디입니다. 지금까지 위안화로 원유

> **Tip** **특별인출권(Special Drawing Rights)**
>
> 국제통화기금 회원국의 국제수지가 악화하였을 때, 담보 없이 "필요한 만큼의 외화를 인출해 갈 수 있는 권리"를 화폐처럼 발행해 주는 것을 말한다.
>
> 출처: 위키피디아

를 결제하는 것에 대해 거절했지만, 이번 러시아-우크라이나 전쟁에서 러시아의 스위프트 퇴출을 보면서 미국의 제재로 결제가 불안정해질 수 있다는 것을 느낀 사우디는 결제 방법의 다변화를 생각할 겁니다. '기본은 달러지만 일정 부분은 위안화로 하자.' 그래야 결제가 막혀도 대안이 생기니까요. 저는 그런 생각을 사우디뿐만 아니라 다른 나라들에서 한다고 봅니다.

이 지점에서 말해두고 싶은 게 있습니다. 미국은 옛날의 미국이 아니란 겁니다. 왜 그럴까요? 우선, 미국이 최근 전쟁에서 보여준 모습입니다. 아프가니스탄에서의 긴 전쟁을 마무리 짓지 못하고 철수하는 것을 보면 전과 같지 않다는 걸 볼 수 있습니다. 둘째, 공화당과 민주당의 대립이 점점 심각해지고 있기 때문입니다. 마지막으로 전기나 친환경 에너지가 석유를 대체한다면 어떻게 될까요? 석유를 완벽하게 쓰지 않는 건 불가능하겠지만 그 수요가 줄어들면 페트로 달러*(Petro Dollar) 시스템 붕괴의 시발점이 될 수 있습니다.

저는 미래를 다극화 체제로 봅니다. 지금까지 국가 간의 거래에서 달러가 차지

> **Tip 페트로 달러(Petro Dollar)**
>
> 협의로는 '석유를 판매해 얻은 달러'를 뜻하지만, 좀 더 넓은 개념으로는 달러로만 석유 대금을 결제할 수 있도록 한 현재의 시스템을 가리키는 용어로도 사용된다. 미국은 페트로 달러를 통해 세계 원유 시장을 통제하는 것은 물론 세계 기축통화로서의 달러 가치를 유지하는 효과를 얻고 있다.
>
> 출처: 박문각 시사상식사전

하고 있던 위상을 유로화나 위안화가 위협하고 있습니다. 거기에 코인 결제까지 가세하고 있는 상황입니다. 그러니까 앞으로는 결제 통화가 달러 중심이 아니라 다극화 결제 시스템이 만들어진다는 거지요. 이번 러시아·우크라이나 사태에서도 찾아볼 수 있는, 미국의 달러의 지위를 이용한 제재는 과거부터 꾸준히 나타났습니다. 미국은 제재나 금수 조치 같은 망치를 너무 많이 휘둘렀고, 정상적인 국가는 이런 결제 리스크를 줄이기 위해서라도 달러 의존도를 줄일 수밖에 없습니다.

안유화

중국 길림화공대학교 화학공정학과를 졸업하고 연변대학교에서 경제학 석사, 한국 고려대학교에서 경영학 박사 학위를 받았다. 1993년 연변대학 교수를 시작으로 한국자본시장연구원, 국제금융연구실 연구위원, 한국지식재산위원회 활용분과 위원 등을 거쳤다. 현재는 성균관대학교 중국대학원 금융학과 교수, 삼성경제연구소 자문위원 등을 맡고 있다. 주요 저서로는 『중국발 금융위기, 어디로 갈 것인가』, 『혼돈의 시대, 명쾌한 이코노믹스』 등이 있다.

Q 어떻게 하면 우리가 중국을 잘
알 수 있나요?

A 양회가 개최될 때 최고 관심사는 성장률, 목
표 정책 운용 방향입니다. 저도 이 두 가지를
유심히 지켜봤습니다. 너무 중요하기 때문
에 이 두 요소만 리커창 총리가 정부 업무보
고를 할 정도입니다. 우선 중국이 올해 경제
성장률 목표를 어떻게 제시하느냐에 주목
해야 합니다.

중국 양회의 결정

안유화

한국은 지금 장기적 시야를 가지고 조심스럽게 외교를 풀어나가 야 하는 시점입니다. 바로 한국의 지정학적 위치 때문입니다. 한국에 인접한 중국, 북한, 러시아는 러시아의 우크라이나 침공을 계기로 힘 을 더 합치는 방향으로 갈 수밖에 없습니다. 그러면 한국은 이 연합 에 대비해 미국, 일본과 힘을 모으는 상황이 될 겁니다. 그런데 지금 세계적으로 군사 안보가 매우 중요한 이슈이기 때문에 이런 정책을 취하는 것에는 반드시 대가가 따릅니다.

이런 안보 문제는 어느 걸 택하고 어느 걸 버리냐의 문제가 아닙 니다. 우리가 어떤 전략적 방안을 선택하면 그 뒤에 따를 위험의 대비책을 동시에 가지고 가야 한다는 얘기입니다. 지금 우크라이나의 국가적 운명이 걸린 사태를 보세요. 한 나라가 자체적으로 독립적인 외교 정책이 없고 군사력과 경쟁력이 없을 때 그와 같은 일이 벌어지고 맙니다.

그래서 한국이 가장 먼저 해야 하는 일이 산업 경쟁력 강화입니다. 대체할 수 없는 세계 최첨단의 기술력을 가지고 있어야 합니다. 지금같이 중간재를 연구·개발(R&D)하는 수준으로는 부족합니다. 이제는 미래 산업에서 최고의 국가로 성장해야 합니다. 그러기 위해 모든 자본과 역량을 모아야 할 때입니다.

두 번째 군사적으로 강국이 되어야 합니다. 이번 러시아와 우크라이나의 전쟁이 전 세계에 영향을 미치게 될 겁니다. 우선 EU와 일본, 중국 등이 군비를 더 강화하는 것으로 시작해 세계 모든 지역이 뒤따를 것입니다. 유럽은 이번 일을 계기로 가장 큰 손실을 봤기 때문에 전과 같이 미국과 계속 발을 맞추겠지만 이번 일을 계기로 경각심을 가지고 재무장할 확률이 굉장히 높아진 겁니다.

이런 외교적 역학관계를 우리는 머릿속에 늘 염두에 두고 있어야 합니다. 이제 한국은 정치적 포트폴리오를 분산해야 할 때입니다. 다른 나라들과 언제든지 연합할 수 있어야 하고, 우크라이나를 반면교사로 삼아야 합니다. 그걸 위해서 우리가 가장 유심히 살펴야 할 국가 중 하나는 중국입니다. 우리는 중국에 대해서 늘 신경을 쓰고 잘 알고 있어야 합니다.

어떻게 하면 우리가 중국을 잘 알 수 있나요?

중국을 파악할 수 있는 가장 중요한 행사인 양회를 소개하겠습니다. 양회는 중국의 두 회의를 말합니다. 하나는 전국인민대표대회(전인대)라고 합니다. 전인대를 위해서 중국은 한국의 도에 해당하는 각 성에서 대표가 올라오며, 이들이 베이징으로 모여서 전체회의를 합니다. 이 전인대는 입법과 정책을 담당하기 때문에 한국의 국회와 비슷하다고 보면 됩니다. 전인대에서는 그해의 국정을 어떻게 이끌어갈지, 정책을 제시하고 그다음에 통과시킬 법안들을 결의합니다. 여기서 나오는 경제 목표율을 지침으로 삼아 지방정부가 한 해 정책 방향을 잡게 됩니다.

또 다른 하나는 중국인민정치협상회의(정협)입니다. 중국은 공산당 외에도 장개석이 이끌었던 국민당을 비롯하여 복수의 정당이 있고 각 당의 대표들이 모여서 하는 전체회의가 정협입니다. 이 회의는 전인대처럼 입법 권한은 없지만, 어떤 문제를 전인대에 제안할 수 있는 입법제안권은 있습니다. 이 제안권을 가지고 다양한 소수 의견이나 공산당이 다루지 못한 부분을 보완하는 역할을 합니다. 마윈처럼 그 지역에서 성공한 기업가들이 회의에서 대표를 맡는 경우가 많습니다. 현지에 필요한 것과 문제점을 가장 잘 아는 사람이기 때문에 그런 사람들에게서 지역 경제 발전에 필요한 현실적인 의견이 나오죠. 거기서 논의된 것을 전인대에 올려 법안들이 나오는 것이 양회의 메커니즘입니다.

양회를 일 년에 한 번 정도로 한정하는 이유는 중국의 국토가 방대하기 때문입니다. 지금은 고속도로, 공항 등의 교통 인프라가 생겨 편리하지만, 과거에는 베이징에서 상하이만 가려고 해도 며칠이 걸리곤 했습니다. 그래서 중국 양회는 지역적 한계로 모여서 정책의 방향만 설정합니다. 그리고 실제 실행은 지방정부가 합니다. 그렇게 하는 이유는 지방정부의 양회 대표들은 수시로 만날 수 있기 때문이죠.

양회가 개최될 때 최고 관심사는 성장률, 목표 정책 운용 방향입니다. 저도 이 두 가지를 유심히 지켜봤습니다. 너무 중요하기 때문에 이 두 요소만 리커창 총리가 정부 업무보고를 할 정도입니다. 우선 중국이 올해 경제성장률 목표를 어떻게 제시하느냐에 주목해야 합니다. 중국은 과거에는 범위로 표현을 했는데, 이번에는 5.5%라고 명확한 표현을 했습니다. 시장의 메인 오피니언 리더(Main Opinion Leader)들이 올해 예상치를 5%로 제시한 것과는 대조적입니다. 공식적으로 5.5%라고 얘기한 것은 시장 예상치를 넘어서는 목표를 제시한 겁니다.

중국 정부가 5.5%라고 시장의 전망치보다 훨씬 높게 발표한 것은 기대치관리를 위해서입니다. 글로벌 500대 그룹에 속한 헝다가 사실상 파산 위기에 있고 그와 관련된 10대 부동산이 다 어려움에 빠졌습니다. 중국 경제는 이렇게 경기 경착륙(Hard Landing) 위기감이 고조되고, 또 코로나19 팬데믹이 불러온 소비 둔화가 겹치면서 경제 주체들과 국민이 탈출구를 못 찾고 있는 상황입니다. 1당 집권체제로 강력한 힘을 가진 정부가 5.5% 성장을 할 수 있다고 하니까 시장의 플레이어들이 5%로 생각했지만, 중국 정부의 발표를 듣고 투자를 해도 된다고 생각하게 유도하는 겁니다.

이 5.5%의 이해를 돕기 위해 전 세계 국가별 GDP 규모를 살펴보겠습니다. 그러면 조금 더 명확하게 개념이 보입니다. 2022년 최신 데이터에 따르면 미국은 현재 GDP 규모가 22조9,400억 달러입니다. 그럼 간단하게 23조라고 합시다. 중국은 16조8,600억 달러니까 대략 17조 달러, 독일이 4조 달러, 러시아는 1조6,500억 달러입니다. 17조가 5.5% 증가하면 어떻게 되죠? 대략 8,000억 달러 정도로 유럽의 웬만한 국가의 GDP를 뛰어넘는 겁니다.

중국은 2017년 이후로 계속 경제성장률이 떨어져 왔습니다. 그렇지만 전체적인 규모가 점점 커지고 있기에 성장률이 하락하는 건 어떻게 보면 정상적이죠. 조금씩 둔화하더라도 시장에서는 언젠가 중국이 미국 GDP를 총액 규모에서 넘어설 거라 예견합니다. 그게 2030년이냐, 2028년이냐의 문제일 뿐입니다.

또 중국의 GDP는 러시아의 그것에 비해 10배 정도나 됩니다. 러시아가 글로벌 GDP에서 차지하는 부분은 2%에 불과하며, 중국 광둥성 하나의 규모보다도 작습니다. 그리고 한국의 GDP도 광둥성의 규모보다 작습니다. 그렇지만 한국은 영토와 비교하면 경제 규모는 매우 큰 나라입니다. 시쳇말로 한국이 석유를 수출하는 나라도 아니고 특별한 자원이 없는 나라인데 말이죠.

한국에 왔을 때 이런 생각을 해본 적이 있습니다. 한국 아기들은 태어난 순간부터 아무것도 없이 세상에 나왔습니다. 그런데 러시아라든가 다른 OPEC 국가들의 아기들은 태어나서부터 석유를 가지고 태어난 겁니다. 그런데 경제 능력으로 보면 한국이 러시아나 OPEC 참여국보다 약하지 않습니다. 한국은 모든 외교 정책을 독립적으로 할 수 있는 충분한 경제력이 뒷받침되어 있으며 능동적으로 개발을 주도해나가는 반면, 자원을 가진 나라*들은 리더들

천연 자원을 가진 나라

천연자원이 더 적은 국가들 보다 낮은 수준의 경제 성장, 낮은 수준의 민주주의, 그리고 악화된 발전 산출을 가지는 역설을 설명하며 소위 자원의 저주 (Resource Curse, Paradox of Plenty)로 불린다

출처: 박문각 시사상식사전

세 번째 위기, 세 번째 기회

이 경제를 발전시켜야 하는데 가만히 있어도 충분한 자원이 있기에 다른 개발을 생각하지 않고 있습니다. 그래서 그 나라 국민은 잘살지 못합니다. 똑같은 이유로 러시아도 이번에 인플레이션으로 인해 국민이 고통을 받는 것입니다.

중국이 천명한 성장률을 달성하기 위해서 반드시 관리해야 하는 게 있습니다. 재정정책과 화폐 정책입니다. 5.5%라는 목표치를 달성하기 위해서는 이런 정책들이 적절히 작동하고 있는지 주시해야 합니다. 작년에 재정 적자율이 GDP 대비 3%대였는데, 올해는 2.8%로 줄어들었습니다. 성장률 5.5%를 달성하려면 적극적인 재정정책을 펼쳐야 하는데, 재정 적자율을 크게 올려서 제시하지 않은 건 채권 발행이 많이 늘어나지 않는다는 겁니다. 문제는 현재 중국의 지방정부는 예산이 부족해서, 예산 소비를 통해 경제 정책에 드라이브를 걸 수 있는 건 중앙정부입니다. 그런데 중앙정부의 재정지출 발표도 작년 대비 3.9% 올리겠다고 하며 큰 변화를 예고하지 못했습니다. 중앙정부도 돈이 없으니 그 비율을 많이 올리지 못하는 것입니다.

예산이 부족한 지방정부를 위해 중앙정부는 대형 국유기업들에 돈을 내라고 말하고 있습니다. 이 과정을 통해서 지방정부로 보내진 돈은 9800억 위안 정도로 작년 대비 18% 정도 증가한 수치입니다. 이렇게 중국이 지방정부로 교부 이전을 많이 하는 이유는 지방정부가 실생활에 밀접한 관계가 있고 GDP를 좌우하는 핵심이기 때문입니다. 지금 중국의 경제는 국유기업의 돈을 활용해야 연착륙할 수 있고, 그것을 이번 양회의 결과가 보여주고 있습니다.

중국의 지방정부는 왜 이렇게 가난해졌을까요? 지금까지 중국의 지방정부는 기계적인 토건을 통해서 GDP 성장을 이룩했습니다. 쉬운 예를 들면 이런 겁니다. 동네에 다리가 없습니다. 그런데 다리를 하나 놓으면, 이것은 무에서 유가 된 거라서 GDP 성장률이 100%가 됩니다. 이듬해 인근에 다른 방향으로 다리를 놓았습니다. 그러면 GDP 성장률이 50% 올라갈 거 아닙니까. 이런 식의 공사 진행으로 지방정부의 돈은 한 번에 나가는데, 들어오는 현금은 장래에 나눠서 들어오게 됩니다. 돈은 다 써버렸는데 GDP는 성장시켜야 하고 그러기 위해서는 일자리가 늘어나야 하는데 그렇지 못하면 경착륙이 올 수밖에 없는 상황이죠. 지방정부가 망하면 안 되니까 중국 중앙정부에서 예산을 지방정부로 내주는 것은 중앙정부와 지방정부, 그리고 국유기업의 이해관계 조정이거든요. 이걸 재정지출의 구조조정이라고 보면 됩니다.

또 주목해야 하는 점은 중국의 군비 정책입니다. 중국은 2022년 군사비 증가율을 7.1%로 제시했습니다. 작년에는 6.8%였습니다. 현재 정부의 재정이 부담이 큰 상황에서 GDP보다 높은 군비 지출을 하겠다는 것을 통해 중국 정부가 국가 안보를 얼마나 중요시하는지를 알 수 있습니다. 여기에는 물론 러시아의 우크라이나 침공도 영향이 있습니다. 중국은 대만 해협 같은 주변국과의 접경지에 발생할 수 있는 전쟁이나 분쟁에 모두 대비해야 하는 상황이니까요.

현재의 중국을 살펴봤는데 향후 중국이 어떤 점을 중요하게 생각하는지 알려주세요

중국은 앞으로 디지털 경제를 구축하려 합니다. 미래의 4차 산업 얘기에서도 핵심은 디지털이기 때문입니다. 중국은 디지털을 활용하기 위해 데이터를 중국의 5대 생산 요소로 규정했습니다. 공급 경제학의 4대 생산 요소는 자본, 토지, 노동, 기술입니다. 중국은 여기에 데이터를 추가한 것입니다. 데이터를 이렇게 중요하게 생각하는 이유는 현재 산업의 쌀이 석유라면 미래의 디지털 경제의 쌀은 데이터이기 때문입니다. 그래서 데이터를 장악한 자가 미래를 장악한다고 표현한 것이죠.

이번에 양회에서 나온 정책 중 하나가 디지털 경제의 강화입니다. 동수서산(東數西算)으로 표현했는데 동쪽에 있는 데이터를 서쪽에 가서 계산하겠다는 말입니다. 동은 상하이나 저장성 같은 곳을 말합니다. 이쪽 지역에 중국 GDP의 60~80%가 몰려 있습니다. 모든 데이터가 거기에 집중되어 있어요. 이런 과도한 집중 때문에 과도한 경쟁이나 고비용, 인플레 압력이 생겨서 그걸 분산하겠다는 계획입니다.

앞으로 데이터 경제에서는 클라우드 컴퓨팅 능력을 보조할 수 있는 데이터 센터의 규모가 중요해졌습니다. 이런 데이터 센터를 경제 발전이 필요한 서쪽으로 옮겨서 인구와 발전의 균형을 잡는 것이 동수서산의 골자입니다. 좋은 예로 알리바바*의 본사가 있는 항저우가 있습니다. 과거에 항저우는 단순한 관광 도시였습니다. 그런데 알리바바가 있어서 중국의 실

> ### 📎 알리바바
> 알리바바 그룹은 세계 최대 규모의 온라인 쇼핑몰 알리바바 닷컴을 운영하는 뉴욕 증권거래소 상장 기업의 이름이다. 본사는 중국 항저우시에 있다.
> 출처: 위키백과

리콘 밸리로 바뀌었습니다. IT에 필요한 모든 것이 모이면서 디지털 허브가 됐습니다. 첨단기술에 인재가 모이고 인프라와 교육기관이 생기면서 발전하게 되는 것이죠.

중국의 금융정책을 살펴보면 작년보다 완화하는 쪽으로 가고 있습니다. 특히 여기서 환율을 안정적으로 관리하겠다는 표현을 강조합니다. 통화정책을 두 가지로 나누면 금리 정책과 환율정책입니다. 그중에서 중국에서는 환율 관리가 매우 중요합니다. 지금 중국

은 고정 환율 체제를 유지하고 있고 이 체제가 안정적이어야 외국인 직접 투자 *(FDI; Foreign Direct Investment)가 들어옵니다. 그래서 중국의 통화정책은 안정화에 초점이 맞춰져 있고 환율을 중요시합니다. 이번 금리 인하나 지준율*(지급준비율) 상승의 시도는 결국 안정적인 통화정책을 표방하고 있는 겁니다.

🖊 외국인 직접 투자(FDI; Foreign Direct Investment)

경영에 실질적인 영향력을 행사하기 위한 것이라는 점에서 일반적인 투자와는 다른 개념으로, 외국인 직접 투자는 지적 재산권과 부동산 등 모든 형태의 유·무형 자산이 이전되어 부를 창조할 목적으로 이뤄지는 투자를 포함한다. 그러나 증시로 주식을 사는 것은 여기에 포함되지 않는다.

출처: 네이버 지식백과

🖊 지준율(지급준비율)

은행이 고객으로부터 받아들인 예금 중에서 중앙은행에 의무적으로 적립해야 하는 비율을 말한다. 지급준비율 제도는 본래 고객에게 지급할 돈을 준비한다는 고객 보호 차원에서 도입됐으나 지금은 금융정책의 주요 수단으로 활용되고 있다.

출처: 위키백과

이종우

연세대학교 경제학과를 졸업한 뒤 1992년 대우경제연구소를 시작으로 대우증권 투자전략팀장, 한화증권 리서치센터장, 현대차증권 리서치센터장, 아이엠증권 리서치센터장, IBK투자증권 리서치센터장 등을 거쳤다. 낙관 속에서 위기를 경고해 적중시킨 실적으로 '한국의 닥터 둠'이라는 별칭을 얻었다. 저서로는 『기본에 충실한 주식투자의 원칙』 등이 있다.

Q 이처럼 연준은 '없는 늑대'가 나타났다고 외친 거군요?

A 연준에 대한 불신이 크기 때문에 금리 인상과 같은 조치가 계속될 때마다 주식을 보유·관망하기보다 매도하는 움직임이 클 것입니다. 그리고 이에 따른 주가 하락, 경기 둔화의 폭은 크고 시기가 길어질 것으로 보입니다. 이런 이유로 투자자들은 공격적이기보다 보수적으로 접근해야 합니다.

05

빅 스텝이 남긴 파문

이종우

미국 연방준비제도(연준)의 '빅 스텝(Big Step)'이 투자 시장을 흔들고 있습니다. 2022년 3월 기준금리를 0.25% 올린 데 이어서 5월 0.5%를 더해 기준금리가 1%까지 올랐습니다.

무엇보다도 연준의 '빅 스텝'은 투자자라면 예상했어야 하는 결과입니다. 코로나19 팬데믹 이후 유동성 공급과 함께 주요 지표들이 우상향 그래프를 그렸습니다. 통화 개념의 기본인 MZM*(Money with Zero Maturity) 차트의 가파른 상승에서 볼 수 있듯 막대한 돈이 시장에 쏟아지면서 미국의 S&P500은 물론 한국의 코스피까지 상승장이 펼쳐졌습니다. 그 와중에 물가가 1980년대 이후 최고 수준으로 급상승했기 때문에 유동성 축소는 예견됐던 일입니다.

제가 눈여겨본 부분은 시장의 반응인데요. 기준금리 인상을 결정한 FOMC(연방공개시장위원회) 회의가 끝난 당일 주가가 좀 올랐다가 약 10% 하락을 했습니다. 무슨 의미일까요? '연준을 못 믿겠다'라는 것입니다.

물가 상승은 일시적이라고 잘라 말하더니 테이퍼링과 양적 긴축 카드를 꺼낸 연준을 보면서 투자자는 '연

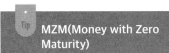

MZM(Money with Zero Maturity)

쉽게 구할 수 있는 모든 화폐를 나타내는 무만기 화폐(MZM)는 경제 내 유동성 화폐 공급의 척도다. 예를 들어 수중에 있는 현금이나 당좌예금에 있는 돈을 포함한다. 그러나 은행 CD에 있는 돈은 즉시 사용하거나 사용할 준비가 된 상태가 아니므로 계산되지 않는다.

MZM에는 다음 모든 항목의 돈이 포함된다.
• 실물 화폐(동전 및 지폐)
• 당좌예금 및 저축예금
• 머니 마켓 펀드

출처: 네이버 지식백과

준이 잘할 거라 믿고 가만히 있다가 손해가 더 커지겠다'라는 불안과 불신을 갖게됩니다. 저도 꽤 오랫동안 리서치를 하고 주식시장을 관찰해왔는데 지금처럼 연준에 대한 사람들의 불신감이 높을 때가 없었습니다. 유동성 공급을 골든 타임에 멈춰야 했는데 자산 가격들이 상승하고 버블이 만들어지고 투자자들이 겪는 충격은 더 커진 상황입니다. 다만 연준도 작금의 상황을 의도했거나 이만큼 심각해질 거라 예상치는 못했던 것 같습니다. 인플레이션은 못 막았지만, 스태그플레이션은 막고 만회하겠다는 액션을 전방위적으로 계속해서 취할 것입니다.

2006~2008년을 떠올려 보십시오. 9·11 테러, 이라크 전쟁 이후 계속해서 유동성이 공급되니 2006년 말까지 미국 부동산 가격이 높게 상승했습니다. 그러다 2022년 이번처럼 연준이 물가 상승에 철퇴를 꺼내 들면서 FOMC 회의 때마다 금리가 올랐습니다. 2005년 10월 3.7%였던 기준금리가 2006~2007년 1년간 5%에 달했습니다. 1%대 금리가 5%까지 오르니 더는 못 버티고 쓰러지는 사람이 속출하고 2008년 금융위기로 이어진 겁니다.

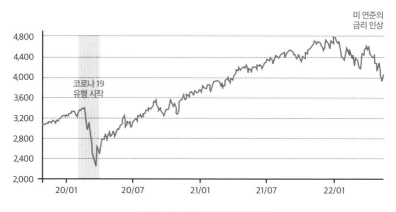

▲ 2020년 이후 S&P500지수

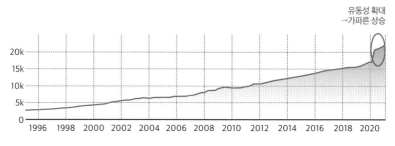

▲ MZM 변동 추이

제롬 파월(Jerome Powell) 연준 의장은 "인플레이션을 통제하는 것이 경제적 고통을 가져온다 해도 최우선 과제"라고 했습니다. 연준의 태도로 인해 2008년 금융위기와 같은 상황이 발생할지는 사실의 영역이 아닌 가치 판단의 영역이라, 정답은 없습니다. 그러나 물가가 더 치솟지 않고 안정을 찾을 때까지는 경착륙이 불가피하다는 점은 분명해 보입니다. 대출 규모가 크거나 주식 또는 파생상품에서의 투자 손실이 큰 분들께는 더 힘든 상황을 극복할 자구책을 마련하길 권합니다.

왜냐면 인플레이션이 심해지고 1년 늦게 있다가 불경기가 찾아오곤 했기 때문이지요. 앞서 세계적으로 인플레이션이 심했던 1990년 미국의 경제성장률이 1.9%였는데 1991년 -0.1%로 낮아졌습니다. 아일랜드, 터키 등 신흥국은 같은 기간 8~9% 성장률을 기록하다가 1%로 급락했습니다. 물가와 그에 따른 통화정책의 영향력이 그만큼 강력합니다. 부작용이 없거나 작다고 하면 거짓말입니다. 연준은 경착륙하더라도 부작용이 최소화될 것이라고 하거나 2022년 4%대 경제 성장을 전망했습니다. 그런데 1분기부터 뚜껑을 열어 보니 -2.4%로 역성장한 겁니다.

이처럼 연준은 자꾸 '없는 늑대'가 나타났다고 외친 거군요?

연준에 대한 불신이 크기 때문에 금리 인상과 같은 조치가 계속될 때마다 주식을 보유·관망하기보다 매도하는 움직임이 클 것입니다. 그리고 이에 따른 주가 하락, 경기둔화의 폭은 크고 시기가 길어질 것으로 보입니다. 이런 이유로 투자자들은 공격적이기보다 보수적으로 접근해야 합니다.

그렇다면 '경착륙이든 연착륙이든 어쨌건 착륙은 할 테고 어려운 시기도 금방 지나가겠지'라고 생각하면서 대수롭지 않게 여기는 분도 있을 겁니다. 그런데 이번 인플레이션에 이어 나올 통화정책들은 '비정상을 정상으로' 만드는 대수술이 될 것입니다. 2008년 금융위기에서 비롯되었고 코로나19 팬데믹 이후 발생한 시장의 거품을 이대로 내버려 둘 수 없다는 방향이기 때문입니다. 앞으로 1%대 내지 제로금리를 보기는 어려울 겁니다.

무엇보다 미국이 기준금리를 계속 올리면 우리도 같이 움직이게 됩니다. 연준에서 나오는 발언이나 유력 언론, 애널리스트들의 전망을 두루 보면 2022년 연말까지 계속해서 기준금리가 0.25~0.5%씩 올라 2.75~3%까지 인상될 것으로 보입니다. 이러한 고금리, 유동성 회수의 정책 기조는 더 나아가 부동산 시장에 특별한 영향을 끼칠 수 있습니다. 주식시장은 이미 가라앉을 만큼 가라앉아 있거든요. 코로나19 팬데믹 이전 코스피 지수가 2,300포인트였는데 현재는

2,400~2,500포인트로 대략 8% 내외 차이를 보입니다. 코스피 지수가 떨어지더라도 대공황이나 IMF 정도의 상황은 아니니까 경기침체에도 한계가 있을 거라는 말입니다.

반면 부동산 가격은 서울 아파트 매매가격 기준으로 따지면 코로나19 팬데믹 이전보다 80% 이상 높아진 상태입니다. 주가가 왜 낮아졌습니까? 금리도 오르고 대출 부담은 커지고 새로 자금을 융통하는 데 제한이 생기고 하면서 낮아졌습니다. 같은 문제가 부동산에도 똑같이 적용됩니다. 더욱이 부동산은 자기 돈이 아닌 빚으로 투자하는 분들이 많고 규모가 더 큰데 이를 감당 못 하는 분들이 평년 대비 많아지는 순간 부동산발 리스크가 시장 안정성을 해칠 수 있습니다. 아울러 부동산 거품이 우리나라만 큰 게 아니라 불안정성을 가진 신흥국도 큰 상황이라 도미노가 넘어가듯 위험한 상황을 배제해서는 안 된다는 말씀을 드립니다.

부동산 시장에서 별일이 생기지 않더라도 지금처럼 부채가 많은 가운데서는 아무래도 소비가 부채만큼 줄어드는 내수 위축이 고질병이 됩니다. 제가 무조건적인 비관론자는 아닙니다만 '부동산 불패'와 같은 낙관론을 가졌어도 내 투자금을 지키려면 전적으로 수용하기보다 분별해야 합니다.

2021년 초 1,100원대였던 환율이 2022년 6월엔 1,300원까지 뛰며 상승세를 이어가고 있습니다. 이처럼 원화가 약세를 보이는 이유는 명확합니다. 달러의 강세가 꺾이지 않기 때문입니다. 22년 7월 현재 달러 인덱스는 108인데 이건 달러의 가치가 8% 절상되고 있다는 의미입니다. 동시에 원화 가치는 8% 절하되는 겁니다. 원화 약세의 또 다른 요인은 무역수지 적자입니다. 개별 기업 중에선 시장의 기대치를 뛰어넘는 '어닝 서프라이즈'가 나올 만큼 수출은 잘 되고 있지만 석유, 밀을 비롯한 원자재 가격이 매우 비싸지면서 수입액이 늘고 적자가 발생하는 상황입니다.

무역수지 적자가 계속되면서 외환보유고를 늘려야 한다는 의견도 등장했습니다. 물론 보유액이 많을수록 나쁠 건 없지만, 일반적인 통념과 달리 무조건 많을 필요도 없습니다. 이 정도면 적정하다는 기준이 없습니다. 강제적 기준이라기보단 권고로서 IMF가 제시한 조건이 있긴 하죠. 연간 수출액의 5%, 시중 통화량(M2)의 5%, 유동 외채의 30%, 외국인 증권 및 기타 투자금 잔액의 15% 등을 모두 합한 규모의 100~150%만큼 갖고 있으면 안정적인 외환보유고 조건에 해당하는데요. 한국을 기준으로 계산한 액수로는 약 6,800억 달러입니다. 4,400억~4,500억 달러 수준인 현재와 차이가 크죠. 그런데도 한국의 외환보유고 규모는 세계 8위에 이릅니다. 달리 말하면 적정 보유고 각각의 기준을 충족하고 전체 규모의 150% 이상을 외환으로 비축해둔 국가가 거의 없습니다. 홍콩, 싱가포르, 한창 경기가 좋을 때의 타이완 정도 있습니다. 우리가 외환보유고를 늘리고 싶어도 해외 자본이 우리 뜻대로 들어오지도 않습니다.

그래서 통화스와프를 체결해서 원하는 때 활용할 수 있는 외화를 확보하는 방법이 있습니다. 실제로 2008년 금융위기 당시 300억 달러, 2020~2021년 코로나19 팬데믹 이후 600억 달러의 특별 스와프를 미국과 체결해서 위기 극복에 큰 보탬이 되었습니다. 최근에는 미국과 상시 스와프(상설 스와프)가 추진되고 있는데 성사될지 귀추가 주목됩니다. 미국과 상시 스와프를 맺은 곳은 EU, 영국, 일본, 캐나다, 스위스 이 정도인데 모두 기축통화국이거나 금융 허브 역할을 하는 곳들이죠. 우리나라가 사실 객관적으로 그 정도 위치는 아닙니다. 또 미국이 당장 원화를 원하거나 혹은 금융위기 때처럼 급한 건 아니라서 체결 여부는 미지수입니다만, 윤석열 정부 출범 이후 미국에서도 긍정적으로 고려하고 있습니다.

단, 일부에서 주장하는 상시 스와프를 반드시 체결해야 하고 사활을 걸어야 하는 건 아니라는 점을 알아야 합니다. 상시 스와프를 말씀하는 분들의 요지는 이렇습니다. "언제 외화가 썰물처럼 빠져나갈지 모르니 제2의 1998년 외환위기를 막기 위해서라도 체결이 필요하다." 맞는 말씀이죠. 그런데 아쉬운 쪽은 한국이니만큼 협상 테이블에서 우리가 불리한 부분을 수용해야 하는 정치적 부담을 질 수 있습니다. 지금 우리나라는 자본의 흐름에 유연하게 대처 가능한 변동환율제 국가거든요. 1998년 외환위기 전엔 1달러에 800원 환율을 유지하는 사실상의 고정환율제 국가였습니다. 보유한 외환을 팔면서 환율을 인위적으로 통제하려 했습니다. 외국 투자자들 관점에서는 800원짜리 한국 자산만 있으면 달러로 환전해갈 수 있는, 재미있는 시장이었던 겁니다. 그렇게 달러가 계속 빠져나가다가 외환보유고가 바닥나버린 게 1998년 외환위기였습니다. 지금은 근본적인 시장 환경, 펀더멘털이 과거와 다르기에 '외환위기 트라우마'를 자꾸 논하는 건 적절치 않아 보입니다.

지금 외환 보유 관리보다 시급한 것은 버블 관리입니다. 버블이 더 커지도록 방치하면 은행부터 기업, 개인에 이르기까지 굉장히 위험한 결과로 이어질 수 있습니다. '주거 사다리'를 마련해준다는 취지로 LTV 완화가 추진되고 있는데 버블이 터져서 차주는 차량 대출 상환을 못 하고 은행은 신규 대출을 중단하는 지경에 이르면 어떻게 될까요? 오히려 사다리를 기댈 바닥이 없어지고 사다리를 쓰러뜨리는 역효과가 생기는 겁니다. 이제라도 정책당국은 버블을 억제하는 데 집중해야 합니다. 투자자를 비롯한 개인은 무제한으로 유동성을 공급받는 꿈에서 깨어 현실을 직시하고 2020년 같은 상승장의 환희, '부동산 불패'는 없음을 알아야 행복하고 안전한 경제생활을 누릴 수 있을 것입니다.

오건영

서강대학교 사회과학부를 졸업한 뒤 미국 에모리대학교에서 MBA를 받았고 국제공인 재무설계사와 미국공인회계사를 취득했다. 이후 신한은행 WM사업부 전임 컨설턴트, 신한은행 투자자산전략부 매크로 분석 담당, 신한 AI 자본시장분석팀을 거쳐 현재는 신한은행 WM컨설팅센터 부부장으로 재직 중이다. 국회와 금융연수원 등에 출강하며 다수의 매체에 출연했다. 주요 저서로는 『부의 대이동』, 『부의 시나리오』, 『인플레이션에서 살아남기』 등이 있다.

Q 이렇게 물가지수가 상승하게 된 원인은 무엇이 있을까요?

A 연준은 지금 두 마리의 용과 싸워야 합니다. 첫 번째는 우리가 직면한 인플레이션이라는 용이고, 두 번째는 기대 인플레이션이라는 용입니다. 그런데 둘째 용이 더 무섭습니다. 기대 인플레이션은 마음속에서 물가가 올라갈 거라는 심리를 끊임없이 자극합니다. 이 고질병 때문에 앞으로는 정부나 연준, 금융당국이 어떤 정책을 시도하려고 해도 기대 인플레이션이라는 큰 저항에 부딪힐 겁니다.

06

문제는 기대 인플레이션이다

오건영

2022년 5월 미국의 소비자 물가 상승률이 8.6%로 41년 만에 최고치를 기록했습니다. 이런 물가 상승의 충격 때문에 주식과 가상화폐 시장은 폭락을 거듭하고 있습니다. 원 달러 환율도 1,300원 돌파를 목전에 두고 있는데 원 달러 환율이 1,300원을 넘은 건 2008년 금융위기 이후 한 번도 없었습니다.

이렇게 물가 상승률 때문에 시장이 무너진다는 것은 사람들의 기대가 컸던 만큼 실망도 크기 때문입니다. 2022년 4월에 발표된 3월 소비자물가지수는 8.5%였습니다. 40년 만에 가장 높은 수치였죠. 이후에 미국 연준이 물가지수를 잡기 위해서 여러 가지 제도를 발표했고 사람들은 4월의 물가지수가 떨어지기를 기대하기 시작했습니다.

그러나 그 기대는 8.3%라는 기대 이하의 적은 하락으로 돌아왔습니다. 물가지수가 0.2% 떨어졌다는 것은 분명히 호재입니다만, 연준의 최종 목표인 2.0%의 물가지수까지 0.5%씩 떨어지는 것과 0.2%씩 떨어지는 것은 감내해야 하는 시간의 차이가 너무 큽니다. 그런데 설상가상으로 이번 5월 물가지수가 내려가기는커녕 8.6%로 상승하면서 시장을 공포가 지배하고 있습니다.

이렇게 물가지수가 상승하게 된 원인은 무엇이 있을까요?

우선 국제유가 때문입니다. 3~4월에 잠시 주춤했던 유가가 5월과 6월에는 고공행진을 이어갔습니다. 이런 고유가가 계속해서 인플레이션 압력을 높이고 있는 것이죠. 그리고 지금 모든 지표에서 인플레이션이 올라오고 있다는 점입니다. 어느 한 부분이 올라오는 것이 아니라 전방위적으로 물가가 다 올라오는 모습이 나타나는데요. 그중에서도 가장 치명적인 것은 식료품, 에너지, 주거비용입니다. 주거비용을 예를 들면 월세가 가장 치명적이라고 볼 수 있습니다. 계약기간이 남아 있는 동안 물가가 상승하면 당장은 비용이 올라가지 않습니다. 그러나 계약이 만료되면 바로 물가를 반영해서 임대료를 올릴 것이고, 그래서 월세는 물가 상승을 따라오는 경향이 있습니다. 물가 상승이 꽤 오랫동안 지속이 되니까 월세도 함께 끌려 올라오고 있는데 월세의 특징이 뭐냐면 한 번 올라오면 꺾이지 않습니다. 월세가 갑자기 반값이 되지는 않으니까요. 결국 올라온 가격이 하락하지 않아서 물가가 올라오고 있다는 느낌을 강하게 받게 됩니다.

연준은 지금 두 마리의 용과 싸워야 합니다. 첫 번째는 우리가 직면한 인플레이션이라는 용이고, 두 번째는 기대 인플레이션이라는 용입니다. 그런데 둘째 용이 더 무섭습니다. 기대 인플레이션은 마음속에서 물가가 올라갈 거라는 심리를 끊임없이 자극합니다. 집값이 상승할 것이라는 기대가 있으면, 그 비싼 값에도 집을 사는 거잖아요. 그 기대가 생기게 되면 지금 당장 물가를 누르기도 어렵지만 눌러놓은 물가가 언제든지 오를 수 있다는 기대감이 있으니까 금방 뛰어 올라와요. 그래서 이 둘을 한꺼번에 제압해야 합니다. 이 기대 인플레이션은 높은 물가가 상당 기간 이어지게 됐을 때 생겨나요. 그러니까 집값이 오를 거라는 기대심리 같은 것들이 고착해서 고질병이 되는 겁니다. 이 고질병 때문에 앞으로는 정부나 연준, 금융당국이 어떤 정책을 시도하려고 해도 기대 인플레이션이라는 큰 저항에 부딪힐 겁니다.

과거로 눈을 돌려보면 2008년 10월에 금융위기로 전 세계 금융 시스템은 녹아내리고 있었고, 위기를 막기 위해서 7,000억 달러 달러의 구제금융을 실시하자는 이야기가 있었습니다. 그런데 그 얘기를 들은 의회에서 미쳤다고 했다죠. 지금 풀린 돈에 비하면 정말 적어 보이는 규모지만, 당시에는 이 거대한 납세자의 돈을 어떻게 금융기관에 주느냐고 의회에서 한 달 동안 통과를 시키지 않았을 정도니까요. 그런데 금융위기 이후에 15년 동안 우리는 물가가 오르는 걸 본 적이 없어요. 웬만큼 돈을 뿌려도 그냥 멀쩡한 겁니다. 인플레이션을 본 적이 없어요. 그래서 코로나19 팬데믹이 발생하고 경기 부양책으로 5조 달러를 사용할 수 있었습니다. 과거를 봤을 때 아무 문제가 없었기 때문에 '이거 풀어도 되는구나'라고 자신감을 가졌던 거예요. 일본식의 디플레이션을 만나느니 인플레이션을 약간 용인하는 게 더 나을 거라는 생각이 당시의 포인트였어요. 그리고 그 선택의 결과는 지금 바이든 행정부가 직면하고 있는 비난입니다.

우리나라도 생각해야 할 문제입니다. 이번에 한국은행 총재가 취임하기 전에 기자회견이 있었어요. 기자회견에서 이런 질문이 나왔습니다. "당신은 매파입니까, 비둘기파입니까?" 이 질문에 대한 총재의 답변은 단기로는 매파지만 중장기로는 비둘기파가 되고 싶다는 것이었습니다. 이 답변이 굉장히 중요한 의미를 담고 있다고 생각합니다. 예를 들자면 만약에 지금 인플레이션을 잡지 못하잖아요? 그럼 기대 인플레이션이 생겨납니다. 당뇨와 같은 고질병이 되는 거죠. 당뇨는 완치가 없습니다. 그냥 증상이 완화될 뿐인데 긴장을 풀면 당 수치가 다시 무섭게 올라옵니다. 이번에 기대 인플레이션을 잡지 못하면 경기 부양을 위해서 금리를 인하할 때마다 물가 상승에 대한 두려움이 팽창할 겁니다.

20년 뒤의 한국이 저출산과 고령화로 경제의 체제가 약화했다고 가정해봅시다. 만약에 미래의 경제가 저성장 기조에 접어들게 되면 그만큼 더 많은 부양책이 필요할 겁니다. 그런데 기대 인플레이션이 남아 있다면 부양책을 쓸 수가 없어요. 만일 이런 상황이 온다면 한국은행이 금리를 인하하는 비둘기가 돼야 합니다. 비둘기가 되기 위해서 단기로는 매가 돼서 지금 기대 인플레이션을 잡아야 합니다.

한국이 반드시 미국의 금리를 따라가야 할까요?

우리나라의 국력이나 금융시장이 어느 정도 탄탄하기 때문에 미국보다 기준금리가 높을 필요 없다는 주장도 있습니다. 그런데 금리가 잠깐 역전되는 것은 괜찮지만, 그 상황이 길게 유지되면 문제가 생길 거라고 말씀드리고 싶습니다. 우리나라 채권 시장이 그렇게 대외적으로 매력이 낮은 시장이 아닙니다. 주식 투자하는 분들은 성장을 보고 들어오고 성장이 커지면 커질수록 거기에 비례해서 수익을 보는 게 중요하잖아요. 채권에 투자하시는 분들은 내가 맡긴 돈의 이자를 꼬박꼬박 받을 수 있는지와 채무자가 망하지 않을지를 확인합니다. 그렇게 확인했는데 우리나라에 무역 흑자가 있고 쌓아놓은 돈이 있다면 망할 가능성은 크지 않다고 봐야죠. 이럴 때는 우리나라 국채 쪽으로는 자금이 잘 들어오는 편입니다. 그래서 일시적으로 미국과의 금리가 역전된다고 해서 바로 자본 유출이 일어날 가능성은 제한적이라고 봐요. 그런데 우리가 여기서 생각해야 할 점은 미국 금리가 우리 금리보다 높다는 건 미국 달러를 보유했을 때의 매력이 높다는 뜻입니다. 그럼 이건 환율의 상승 요인이 되죠. 환율이 너무 빠르게 치솟게 되면 수입 물가가 올라갑니다. 수입 물가가 올라가면 미국과의 금리 보조를 맞추기 위해서가 아니라 물가를 잡기 위해서 한국은행은 기준금리를 올려야 됩니다.

잦은 환율의 변동이 위험한 이유는 무엇일까요?

올해 환율이 올라가는 흐름을 보시면 좀 독특한 게, 작년 5월이 환율의 저점이었습니다. 작년 5월에 연준이 테이퍼링을 준비한다는 얘기가 나올 때부터 환율이 조금씩 올라갔습니다. 그러면 작년 5~6월부터 지금까지 환율이 200원만큼 오를 때 나타났던 흐름은 미국의 통화정책이 미치는 영향을 바로 보여줍니다. 미국이 기준금리를 예상 밖으로 크게 올린다고 할 때마다 환율이 한 번씩 도약했어요. 그게 우리나라에서만 나타나는 것이 아니어서, 중국 위안화와 일본 엔화뿐만 아니라 유로화나 이머징 통화에 이르기까지 전반적으로 미국의 기준금리에 영향을 받는 화폐가 많습니다.

환율이 중요하다는 것은 일본만 봐도 확실히 알 수 있습니다. 일본은 아베노믹스를 2013년도 1월부터 계속해왔습니다. 그 양적 완화의 목표는 2%의 물가 상승률을 만드는 것이었지만, 결국 못 만들었거든요. 그 과정에서 일본은 전 세계에서 유례가 없을 정도로 오랫동안 양적 완화를 한 겁니다. 만약에 여기서 양적 완화를 풀면 디플레이션으로 빠져버릴 것이고, 그럼 그동안의 노력이 무위로 돌아가는 거잖아요. 그리고 엔화 환율의 움직임은 환율 전쟁과도 연관이 있다고 생각합니다. 일본 엔화가 약세를 유지하면 수출에는 강점이 생깁니다. 고의로 약세를 유지해서 이익을 본다면 환율 조작이라고 말하는 것에는 이유가 있기 때문입니다. 예를 들어 이런 겁니다. 하나의 파이를 미국, 일본, 유럽, 이머징 신흥국 넷이 나눠 먹습니다. 파이의 크기는 변하지 않기에 각국은 경쟁을 시작합니다. 정석적인 경쟁의 방법은 압도적인 기술을 만드는 겁니다. 그렇지만 하루아침에 이런 기술이 나올 수는 없으니 간단하게 자국 통화 가치를 낮추는 겁니다. 결국 환율은 분배를 결정하는 요소입니다. 그러니까 환율 전쟁을 하는 이유는 뭐냐면 자국 통화 가치를 낮춰서 상대편을 힘들게 만들고 자기는 잘 되겠다는 거죠.

이런 개념이 근린 궁핍화*라고 해서 인접한 국가들을 궁핍하게 만드는 정책입니다. 우리나라 원 달러 환율을 볼 때도 엔화하고 연동하는 면이 크다고 하는 이유가 수출 경합을 해서 그렇습니다.

최근에 미국 기업 실적이 나빠질 수 있다는 얘기가 나오고 있습니다만 그 핵심은 너무 강한 달러가 미국의 수출에 악영향을 미치는 거죠. 사실 1분기 미국 GDP 증가율이 마이너스로 나왔어요. 그래서 일본 재무성이 국제사회의 시선이나 미국과의 관계를 염두에 두고 엔화 약세의 유지는 부담이 크다고 표현했습니다.

근린 궁핍화

다른 나라의 희생 위에 자기 나라의 번영이나 경기 회복을 도모하려는 대외 경제정책. 자기 나라 위주의 수출 확대나 수입 제한으로 다른 나라의 수입 증가나 수출 감소를 초래하는 일 따위를 이른다. 영국의 경제학자 로빈슨(Robinson, J. V.)이 명명하였다.

출처: 표준국어대사전

기준금리 인상과 양적 긴축 중 어느 정책이 더 효과적일까요?

기준금리 인상은 효과가 검증된 카드죠. 그다음에 양적 긴축이라는 건 장기국채 금리를 끌어올리면서 동시에 인플레이션을 잡는 것을 노립니다. 기준금리 인상은 중앙은행이 통제하는 단기 금리를 끌어올리는 거고 양적 긴축은 장기금리를 끌어올리면서 부동산 시장이나 이런 데 타격을 주게 됩니다. 그런데 이번 양적 긴축에 대해서 제롬 파월 의장에게 양적 긴축의 효과를 물어보니까 모르겠다고 말했습니다. 사실 연준은 양적 긴축을 2017년에 시도한 경험이 있습니다. 2017년도 10월부터 2019년도 중반까지 진행했을 때는 한 달에 100억 달러씩 줄였어요. 그러다가 3개월이 지나면 200억 달러씩, 그다음에 300억 달러씩, 400억 달러씩 해서 사실상 규모가 아주 작았습니다. 그런데 이번에는 처음 3개월 동안은 매월 475억 달러씩 줄일 겁니다. 그런 다음 9월부터는 950억 달러씩 줄이게 될 거예요. 그 규모가 훨씬 더 큰 편입니다. 속도도 굉장히 빠른 거죠. 그래서 파월 회장도 올해 6~7개월 정도 양적 긴축이 진행되는데 이 양적 긴축이 0.25% 금리 인상한 효과와 비슷할 것이라고 말했습니다.

그런데 양적 긴축이 주는 효과와 기준금리 인상이 주는 효과를 두고 연준의 매파 내에서도 논의가 벌어지고 있습니다. 강력한 기준 금리 인상과 양적 긴축을 동시에 사용하자는 주장과 과도한 기준금리의 인상은 장단기 금리 역전을 불러와서 실물 경제에 타격을 주기 때문에 양적 긴축으로 해결해야 한다는 주장이 대립하고 있습니다.

양적 긴축을 하게 되면 중앙은행은 시중에서 자금을 흡수하고 단기 금리보다 장기금리를 끌어올리게 됩니다. 그런데 단기 금리는 가만히 있는데 장기금리가 올라가면 장단기 금리가 벌어지게 되잖 아요. 그럼 시중 은행이 좋아합니다. 장단기 금리가 벌어지면 대출 수요가 늘기 때문이죠. 그러면 중앙은행에서 강한 긴축을 시도해도 시중 은행에서 대출이라는 형태로 제한적으로나마 돈이 풀려나오 게 됩니다. 우리가 2008년부터 중앙은행의 양적 완화를 봐왔기 때문에 시중 은행에서 돈이 나온다는 것에 의문을 가질 수 있지만 그 게 정상이에요. 원래 중앙은행이 직접 돈을 뿌리는 행위가 금융위기 이전에는 정말 없었거든요. 사실은 시중 은행이 대출을 해주는 것이 정답입니다. 미국도 사실은 그런 경우였는데 2008년부터는 그야말 로 '양적 완화의 일상화'가 이루어진 것이죠.

그런데 매파 내부에서도 다른 주장이 나옵니다. 기준금리 인상을 너무 세게 하는 것보다 양적 긴축과 병행하면서 기준금리를 덜 올리는 게 낫다는 주장입니다. 캔자스 시티 연방은행의 총재인 에스더 조지(Esther George)의 이 주장은 양적 긴축을 세게 가져갔을 때는 장단기 금리의 차가 벌어지게 되니까 시중 은행의 대출이 늘어나는 효과는 있다, 그러면 긴축이 세게 일어나더라도 시중 은행이 대출을 해주면서 실물 경제의 충격을 최소화하면서 긴축이 진행된다고 말하고 있습니다. 미국 연준의 매파 사이에서도 진통이 벌어지고 있습니다.

미국 연준이 스태그플레이션을 대하는 자세는 어떻습니까?

일단 스태그플레이션을 정의해봐야 합니다. 단순히 성장이 둔화하고 물가가 오르면 스태그플레이션이라고 말하는 것이 아니라 각각의 요소를 살펴봐야 합니다. 둔화만 놓고 봐도 다양한 변주가 있죠. 얼마나 둔화했는지와 물가가 높다는 게 어떻게 높은지를 봐야죠. 지금과 대조해볼 스태그플레이션의 시대는 1970년대 오일쇼크 때입니다. 그때는 우리 경제성장률이 마이너스였고 물가 상승률이 10%가 넘었습니다. 지금 우리 경제성장률이 계속 하향 조정되면서 최종 2%대 후반으로 예상됩니다. 2%대 후반은 분명 건실한 느낌은 아니지만, 그렇다고 최악은 아니죠. 그리고 물가 상승률도 5.4%거든요. 물론 이것도 심각한 물가인 건 맞지만 1970년대의 10%대의 물가와 비교하자면 역시 '벼랑 끝'은 아닙니다. 최저점의 성장과 최고점의 물가가 함께 오면 스태그플레이션인데, 우리는 경계에 걸려 있어요. 문제는 성장이 계속 하향 조정되고 물가가 상향 조정되는 겁니다. 지금은 체감되는 불안이 공포를 키우고 있습니다.

미국의 경우 지금 소비자물가지수가 8%를 넘었고 9%도 넘어갈 가능성이 있다고 합니다. 다만 그때와는 달리 경제의 성장이 굉장히 탄탄해요. 미국의 실업률이 반세기 최저입니다. 그래서 얼마 전 버냉키(Ben Bernanke) 전 미국 연준 의장이 지금 상황을 스태그플레이션이라고 볼 수 있냐는 질문을 받았는데, 그는 이렇게 대답했습니다. "지금은 1970년대의 스태그플레이션과는 두 가지 측면에서 다르다. 1970년대의 가장 큰 문제는 단기간이 아니라 장기간 물가가 높아서 기대 인플레이션이 존재했다는 점이다." 그 당시 '기대 인플레이션'이라는 유령이 생겼기 때문에 스태그플레이션을 억제하는 것이 매우 곤란했던 거죠.

또 다른 그의 발언은 "과거에 매우 큰 실수를 했다는 걸 연준이 알고 있다"라는 겁니다. 연준이 많이 반성하고 있고 스태그플레이션을 막겠다는 말입니다. 1970년대에 연준 의장인 아서 번스(Arthur Burns)는 경제학자였습니다. 그는 굉장히 정치적인 면에 많이 휘둘렸죠. 그는 닉슨 대통령의 친구였기 때문에 선거를 돕기 위해서 성장을 도모해야 했고, 물가를 잡기 위해서 금리를 인상하는 데에 굉장히 인색했습니다. 그로 인해 호미로 막을 걸 가래로도 막지 못하는 문제가 생겼죠. 결국 번스는 경기 긴축을 원하지 않는 정부의 눈치를 보면서 금리를 올리지 않았고, 그다음 의장인 폴 볼커(Paul Volcker)가 금리를 한꺼번에 19%까지 올려서야 비로소 인플레이션을 잡았습니다. 그리고 이런 혹독한 금리 인상이 지미 카터의 재선에 걸림돌로 작용했습니다. 그 당시에 금리 인상의 부작용이 컸거든요. 실업률의 폭증과 수많은 폐업으로 산업이 무너지기 직전까지 갔습니다. 만약 지금 그와 같은 방법을 쓰면 그런 일이 똑같이 재연된다는 걸 연준은 알고 있습니다. 그래서 연준은 폴 볼커식의 강력한 진화 방법과 완만한 방법 사이에서 고민하는 것이죠.

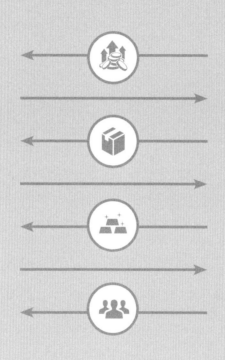

윤지호

한화투자증권 투자전략 팀장을 거쳐 현재 이베스트투자증권 리서치센터장으로 일하고 있다. 경제분석에 기반한 탑다운(Top-Down) 접근, 기업분석에 근거한 바텀업(Bottom-Up) 접근보다 성장하는 신산업에서 경제(탑)와 기업(다운)을 두루 살펴보는 미들아웃 접근을 선호한다. <이리온스튜디오> 유튜브를 통해 투자자와 소통하고 있으며, 평소 주변의 사소한 변화에서 투자 아이디어 찾기를 즐긴다.

Q 연준이 유동성을 축소할 때 우리나라의 상황은 어떻게 변하게 되나요?

A 과거에 우리나라가 힘들었을 때 지급대금이 없어서 금융기관이 무너지고 기업이 무너진 적이 있습니다. 그 일 이후로 환매 리스크를 확인할 수 있는 유동성 비율 같은 지표를 통해 기업의 단기채무 지급 능력을 가늠하고 있습니다. 위기에 대처할 수 있는 자본을 마련하며 착실히 위기를 대비하고 있습니다.

07

예고된 위기는 힘이 없다

윤지호

미국이 공격적인 금리 인상에 이어서 시장의 돈을 회수하는 양
적 긴축을 시작했습니다. 이 여파로 금융시장이 어떻게 움직였는지
살펴보겠습니다. 양적 완화와 양적 긴축을 우선 설명하려고 합니다.
양적 완화(Quantitative Easing)는 금융위기가 터지고 경기가 망가지려고
하면 미국 연준이 부실채권을 계속 매입하는 것을 말합니다. 이를
통해서 리스크 관리와 경기부양을 노리는 거죠. 기존의 연준은 단기
물 위주의 자산을 보유했는데, 경제위기에서는 상황이 급박해서 종
류를 가리지 않고 매입했습니다. 연준의 대차대조표에 편입된 이런
채권들을 가리켜 '독성 자산'이라는 표현까지 썼습니다.

이제 문제는 이렇게 위기를 이겨낸 이후 시장의 유동성을 직접 흡수하는 겁니다. 이걸 양적 긴축(Quantitative Tightening)이라고 하죠. 그런데 지금까지 양적 긴축이 발생한 적이 한 번뿐이고, 이 과정에서 여러 가지 유동성 축소의 부작용이 심했었기 때문에 금리 인상과 QT가 동시에 진행되는 상황을 우려하는 이들이 늘고 있습니다.

2013년 5월 벤 버냉키 전 연준 의장이 테이퍼링을 언급하자 시장에는 충격이 왔고 이를 '테이퍼 탠트럼•(Taper Tantrum)'이라고 부릅니다. 이후 2014년 1월부터 실질적으로 단계적인 긴축을 시행했고 2019년에 이르러

Tip 테이퍼 탠트럼(Taper Tantrum)

2013년 벤 버냉키 전 연준 의장이 테이퍼링을 거론하자 시장이 거의 발작과 같은 반응을 보였던 사건. 최근 금리폭등의 경우 연준의 제롬 파월 의장이 테이퍼링을 거론하지 않아도 금리 폭등이 일어나 테이퍼리스 탠트럼(Taperless Tantrum)으로 불리는 것과 대조적이다.

출처: 표준국어대사전

서야 완성했다고 말합니다. 그런데 갑자기 코로나19 팬데믹이 터집니다. 코로나19 팬데믹으로 위기를 맞은 시장 때문에 또다시 유동성을 풀었습니다. 4조 2,000억 달러였던 연준 자산이 9조 달러에 육박할 정도로 돈을 풀었기 때문에 이후에 있을 긴축은 더 파괴적일 수밖에 없다는 전망이 힘을 얻고 있습니다.

사람들은 현재 시점에서 자신의 행동을 결정할 때 미래에 대한

기대를 반영합니다. 풀린 돈이 상당폭 회수되지 않으면 인플레 기대 심리가 잡히기 힘들 거라는 컨센서스가 형성되어 있습니다. 이후 정책의 방향에서 QT가 중요한 위치를 차지하는 이유입니다. 투자자들 역시 연준의 대차대조표에 양적 완화 정책을 통해 지나치게 많이 쌓아놓은 자산을 어떻게 줄여가는지를 주시할 수밖에 없습니다.

이런 일의 시발점은 물가의 문제입니다. 유동성 증가율이 감소하면 OECD의 전체 물가 수준(CPI)이 내려와야 하는데 우크라이나 전쟁이나 다른 악재가 겹치면서 물가가 내려오지 않았습니다. 그래서 긴축의 강도는 더 급격해지고 있습니다. 인플레이션 바람이 너무 거셉니다. 연방준비제도는 고통을 수반하더라도 물가를 반드시 잡겠다는 의지를 표명했습니다. 공급으로 인한 물가 상승이지만 공급은 제어할 수 없습니다. 경제보다는 정치, 군사적 외생변수이기 때문입니다. 물가 상승이 잠재워지지 않고 폭풍으로 번질 수도 있다는 위기감이 팽배한 배경입니다. 물가 상승을 일시적일 거라 오판했던 연준은 신뢰를 잃었고 이를 회복하기 위한 정책 처방은 더 강해질 수밖에 없습니다. 수요 통제를 통해서라도 인플레이션 기대를 잠재우겠다는 의지가 뚜렷합니다. 그러나 수요를 억제하면 경기 둔화가 뒤따를 수밖에 없습니다. 연준은 경기 침체를 유발하지 않고 물가를 잡을 수 있다는 자신감을 드러내고 있지만, 투자자들의 의구심은 커져만 가는 배경입니다.

상황은 좋지 않습니다. OECD에서 집계하는 경기선행지수는 2021년 7월의 고점에서 1년 가까이 하락세이고, 경기하강 사이클에 동반되는 물가 상승은 아직 둔화하는 낌새가 없습니다. 경기하강과 물가 상승의 고약한 조합은 끝나지 않을 거란 전망이 늘고 있습니다. 하지만 이럴 때도 세상은 망하지 않았습니다. 최악의 상황으로 치닫는 것을 막기 위해 긴축정책을 취했고, 또 기업들도 비용을 축소하고, 생산성을 개선하고자 최선을 다하고 있습니다. 위기는 대비하지 않을 때 찾아오지, 상황을 개선하려는 의지가 강할 때 닥쳐오는 건 아닙니다. 8월의 잭슨 홀 미팅(Jackson Hole Meeting)이 중요합니다.

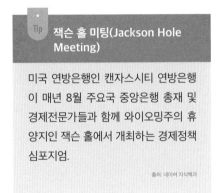

Tip 잭슨 홀 미팅(Jackson Hole Meeting)

미국 연방은행인 캔자스시티 연방은행이 매년 8월 주요국 중앙은행 총재 및 경제전문가들과 함께 와이오밍주의 휴양지인 잭슨 홀에서 개최하는 경제정책 심포지엄.

출처 네이버 지식백과

시장의 축소 속도나 규모를 정확하게 예측할 수는 없습니다. 다만 연준은 목표치를 정하고 그 목표까지 줄인다고 밀어붙이는 것이 아니라, 경기의 속도에 맞게 줄일 것입니다. 그 과정에서 의도한 바도 있을 것이고 예기치 못한 문제도 있겠지만, 단순히 '유동성이 빠지니 이제 금융위기로 갈 수 있다'라고 말하는 건 곤란합니다. 큰 금융위기가 오려면 많은 것들이 한꺼번에 무너져야 합니다. 그리고 지금 우

세 번째 위기, 세 번째 기회

리는 많은 완충장치를 가지고 있죠. 정말로 위기 상황이 오려면 기업과 금융기관들이 돈이 준비되어 있는지 살펴야 합니다.

연준이 유동성을 축소할 때 우리나라의 상황은 어떻게 변하게 되나요?

과거에 우리나라가 힘들었을 때 지급대금이 없어서 금융기관이 무너지고 기업이 무너진 적이 있습니다. 그 일 이후로 환매 리스크를 확인할 수 있는 유동성 비율 같은 지표를 통해 기업의 단기채무 지급 능력을 가늠하고 있습니다. 위기에 대처할 수 있는 자본을 마련하며 착실히 위기를 대비하고 있는 것이지요. 미국도 2008년 금융위기의 시발점인 베어스턴스나 리먼브러더스가 도산한 이후 금융자본에 대한 많은 규제가 생겼습니다. 금융위기 당시는 이런 준비가 미흡했기에 레버리지에 관련된 어떠한 규제 장치도 없어서 한계점까지 달려간 겁니다. 지금은 그때와 같은 상품을 만들 수도 없을뿐더러 규제들이 심해졌습니다. 최근 연준 부의장으로 지명된 브레이너드(Lael Brainard)가 "규제를 굉장히 까다롭게 해야 한다"고 외치면서 규제에 힘을 싣고 있습니다.

이런 규제의 효과를 보여주는 사례로 레이 달리오*(Ray Dalio)의 연구를 들 수 있습니다. 연구 주제는 부채 비율(DSR)을 사용해서 부채가 언제 터지는지에 대한 사이클을 추정하는 것이고, 연구에서 밝히는 부채 비율도 매우 낮은 수준입니다. 전 세계적으로 보면 부채가 통제돼 왔기 때문에 위기가 복합적으로 찾아오는 것이

레이 달리오(Raymond Dalio)

미국의 투자자이자 헤지펀드 매니저, 자선사업가이다. 1975년 브리지워터를 설립하고 세계 최고의 헤지펀드 회사로 성장시켰다. 달리오는 블룸버그에서 전 세계 최고 부자 중에서 69등으로 선정되었다.

출처: 네이버 지식백과

아니라면 경기가 좀 둔화하더라도 연착륙할 것으로 생각합니다.

앞으로 시행될 정책에 대한 기대감이나 준비된 완충장치로 인플레는 잡히고 있습니다. 정점을 찍고 내려오고 있다고 생각합니다. 문제는 미래의 물가 전망입니다. 우선은 미국 연준이 어느 수준의 물가(상승)를 목표로 삼았느냐에 달려 있습니다. 연준이 추구했던 2%의 물가상승률을 실현하려면 경기에 부담이 있지만, 실제로는 평균적인 물가 수준에만 도달하면 되기 때문에 연준은 4%도 용인하리라 봅니다. 미국 연준의 매파 위원들도 지나친 규제 드라이브를 걸다가 경기가 망가지기를 원하지는 않기 때문이죠.

다만 제일 두려운 점은 물가의 변화와 예상 밖의 외부요인이라고 생각합니다. 지금까지는 유동성이 감소하면 물가를 잡을 수 있었습니다. 그러나 우크라이나 전쟁이 만든 글로벌 가치 사슬의 문제는 각종 원자재의 공급 이슈로 나타났고 원자재 문제가 물가를 교란했습

니다. 다급해진 미국 연준은 내구재° 수요를 억제해서라도 물가를 잡기 위해 노력했지만, 이제는 코로나19의 엔데믹으로 인한 서비스 수요의 증가가 나타났습니다. 최근의 데이터가 말해주듯 여행비의 상승이나 각종 사치

Tip 내구재

내구재는 1년 이상 반복해서 사용할 수 있고 주로 고가의 상품으로 승용차, 가전제품, 가구 등이 해당한다. 준내구재는 1년 이상 사용이 가능하지만, 지속성이 내구재보다 떨어지는 상품으로 의복, 신발·가방, 운동 및 오락용품 등이 해당한다.

출처: 표준국어대사전

품의 소요는 물가에 자극을 주는데 이걸 억제하는 정책을 쓰려고 하니 경기 침체로 번지지 않을까 걱정하는 겁니다.

또 다른 외부요인은 경기 침체를 대비하는 기업의 자세입니다. 경기 침체가 예상됐을 때, 기업들은 가능한 한 비용을 줄이고 내실을 다지려고 합니다. 침체를 대비하는 기업들이 보여주는 모습은 부진 사업 철수를 통한 구조 개편이나 고용 인원의 감축, 혹은 부정적인 가이던스 발표들이 있습니다. 최근의 마이크로소프트의 가이던스 발표가 대표적입니다. 좋은 실적에도 불구하고 달러 강세를 원인으로 꼽으며 부정적인 발표를 했기 때문입니다.

양적 완화와 긴축, 그리고 경기에 영향을 미칠 수 있는 요소를 보셨으니 내수로 시선을 돌려보겠습니다.

지금 주식시장에 관심이 있는 투자자는 내수주가 부진해 보이는 것에 대해 의문을 가질 수 있습니다. 분명히 코로나19 팬데믹이 끝나면 리오프닝으로 주가가 회복될 것으로 예측한 사람들이겠죠? 그러나 지금 상황은 조금 다릅니다. 펜데믹을 거치면서 기업들의 힘이 빠졌기 때문입니다. 그리고 시장을 끌어 올릴 힘이 부족하다고 보실 수 있습니다. 미국의 경우는 내수시장이 크기도 하거니와, 서비스의 비중이 높아서 이쪽이 살아나기만 하면 충분히 강력한 소비층이 생깁니다. 그러나 우리나라의 경우는 최근 몇 년간 GDP 대비 가계부채의 증가 속도가 세계 최고 수준이었기 때문에, 수출이 무난한 수준이었음에도 내수는 참으로 낙관하기 힘듭니다.

코로나19의 종식 이후 팬데믹 이전으로 바로 복귀할 수 있을 것으로 생각했겠지만 그렇지 않을 것이라는 거죠. 코로나가 지속하지 않더라도, 코로나 이전 세상으로 돌아가진 않을 것 같습니다. 최근 영화관 같은 유흥지에 이용객이 많이 늘어나곤 있지만, 과거와 같이 해외여행이나 사치품 등의 높은 비용을 감당할 수 있는 사람들이 많지 않은 거죠. 이런 여러 가지 문제 때문에 생각보다 내수가 경기에 부정적인 영향을 줄 확률이 높다는 겁니다.

물론 경제가 최악의 상황으로는 가지는 않을 것 같습니다. 수출 기업들은 살아날 것 같거든요. 다만 우리나라 고용시장이 아니라 미국 고용시장에 투자했기 때문에 미국의 생태계 속에서 투자 사이클이 돌고 있어서 수출 기업과 관련된 기업들은 나쁘지 않고 돈을 벌 거예요. 그런데 우리나라 내수 쪽이 강하게 돌기는 어려운 거죠.

주식시장으로 돌아와서 투자자들이 기억하시면 좋은 포인트가 있습니다. 원-달러 환율과 외국인 투자의 상관관계입니다. 한국은 대외 의존도가 높은 소규모 개방경제 국가입니다. 그래서 대외적으로 경기가 불확실해지면 원화가 약해집니다. 동시에 외국인 투자가 빠져나가면서 환율이 상승합니다. 이런 환율의 상승이 일정 수준을 넘어간다면 금융위기가 오지만, 이런 최악의 상황이 오지 않으면 환율상승이 둔화하다 다시 환율의 회복과 함께 외국 자본이 돌아옵니다. 이렇게 환율과 외국 자본은 같이 움직이는 경향을 보입니다. 불확실성이 완화되면 이머징 마켓에서 빠졌던 돈이 다시 돌아오죠. 그러면 이머징 내에서 우량자산인 한국 자산을 살 수밖에 없습니다. 그러면 우리나라의 대표 주식인 삼성전자를 외국인들이 사는 거고, 반대로 이머징에서 돈이 빠져나갈 때는 삼성전자를 파는 겁니다. 불확실성이 증가하고 경기가 나빠지면 삼성전자에 아무리 좋은 이슈가 생긴다 해도 그냥 빠집니다. 이제는 1년 동안의 환율 추이를 봤을 때 경기가 회복할 가능성이 생겼습니다. 그러면 외화가 들어오면서 우리나라 대표 주식들로 돈이 가겠죠. 투자자들이 이 흐름을 주시해서 성과가 있으면 좋겠습니다.

세계화의 종식. 세상은 또 한 번 바뀐다

- 홍사훈

아마도 앞으로 몇 년간 체감하게 될 가장 큰 세계 질서의 변화는 '세계화'의 종식일 것 같습니다. 세계화에 대한 상투적인 표현은 많지만 제가 생각하는 세계화란 그냥 물건을 싸게 만들어서 싼값에 소비할 수 있게 만들어준 경제 체제라고 말하고 싶습니다. 그럼 세계화가 되기 전엔 물건이 비쌌을까요?

네, 비쌌습니다. 1970년대 중동에서 이스라엘과 전쟁이 터지면서 석유파동과 오일쇼크가 발발했습니다. 중동 국가들이 석유를 무기화하면서 생산량을 줄인 데다 전쟁 통에 석유생산이 원활치 않았거든요. 살인적인 물가 상승률을 기록했습니다. 1980년엔 물가상승률이 14.8%까지 올라갔으니 지금의 인플레보다 훨씬 심했던 거죠.

그런데 1991년 세계화의 물꼬를 튼 매우 중요한 사건이 한꺼번에 두 개나 터집니다.

첫 번째는 일본 경제의 몰락이었습니다. 1980년대 후반까지 '메이드 인 저팬'을 앞세우고 세계 경제 패권을 주도하던, 그야말로 미국조차 압도하던 일본이었지만 1991년 부동산 거품이 터졌습니다. 10억짜리 아파트가 졸지에 2억으로 주저앉으면서 시작된 부동산 붕괴는 이후 일본 경제 전체의 하락으로 이어졌습니다.

1991년 있었던 또 한 가지 중요한 사건은 체제와 이념에서 미국의 경쟁 상대였던 소련의 붕괴였습니다. 경제적 경쟁 상대였던 일본이 무너지고 소련의 붕괴로 냉전체제까지 종식되면서 이른바 '팍스 아메리카나' 시대가 열리게 됐습니다. 미국 주도로 세계 경제와 정치 질서를 재편할 수 있게 된 거죠. 1980년대 초까지 자신들을 괴롭히던 인플레이션에서 간신히 빠져나왔던 미국은 상품과 서비스의 국경 없는 생산과 이동을 원했습니다. 공산권이든 제삼 세계 국가든 안심하고 투자해 생산 시설을 지을 수 있는 그런 세상 말이죠.

세계화는 이렇게 시작됐습니다. 그 전까지는 자본과 노동에 국적이 있었습니다. 그러나 세계화가 시작되면서 '그냥 세계 각국의 저렴한 생산 요소들을 잘 조합해서 싸게 생산하면 되는 거지 국적이 무슨 필요가 있어? 효율성과 가성비를 높여 돈만 잘 벌면 되는 거 아냐?'라는 논리가 세상을 장악했습니다. 물론 당시 미국이 세계 경제와 정치 질서를 주도하는 수퍼 파워를 갖게 되면서 이 모든 일이 가능했습니다.

또 한가지 당시 미국이 세계화를 절실히 원했던 요인이 있었습니다. 1980년대부터 신자유주의 체제가 미국 경제를 지배하면서 기업과 자본의 생산성과 이익은 계속 늘어나는데 노동자들의 실질 임금은 그에 비례해 늘어나지 않는 이른바 '임금 없는 성장'이 사회 문제로 대두되기 시작했거든요. 미국의 노동자, 중산층 계급은 뭔가 자신들은 점점 가난해진다는 생각을 하게 된 거죠. 미국인들의 불만을 잠재울 방법이 필요했습니다. 임금이 오르지 않더라도 슈퍼마켓에서 파는 물건값이 싸지면 불만은 누그러들거든요.

2001년 미국의 적극적인 후원으로 중국이 WTO 세계무역기구에 가입하면서 세계화는 날개를 달았습니다. 가장 가성비 좋게 싼 가격으로 상품을 만들어 줄 수 있는 확실한 세계의 공장이 생겼으니 이때부터 세상은 경기가 과열되면 물가가 오른다는 인플레이션이란 용어 자체를 잊어버렸습니다. 필요한 물건은 언제든 세계 어디선가 저렴하게 만들어 공급해줄 수 있다는 자신감이 머릿속에 박혀버렸거든요. 실제로 그랬고 말이죠.

세계화에 반대하는 국가나 세력엔 가혹한 제재가 가해졌습니다. 베네수엘라가 아마 대표적인 사례가 될 겁니다. 미국 자본이 들어가 기껏 석유생산 시설을 지어놓았더니 새로 정권을 잡은 우고 차베스 (Hugo Chavez) 대통령이 이 시설들을 모두 국유화시켜 버렸습니다. 이후 미국이 베네수엘라의 석유에 빨간 딱지를 붙이며 우방국들에 '우리 이제 빨간 딱지 붙은 베네수엘라산 석유는 사지 말자.'라고 말하며 제재가 진행됐습니다. 석유 매장량으로 따지면 베네수엘라가 사우디보다 많은 세계 1위지만 석유를 캐내도 팔 곳이 없으니 세계 최빈국 가운데 하나로 전락했습니다. 세계화에 역행하면 어떻게 되는지 본보기가 되었습니다.

세계화가 완성되면서 자본은 최상의 효율을 갖추게 됐습니다. 그러나 노동자들의 임금은 이전보다 더 정체됐습니다. 저임금으로 물건을 싸게 생산해 공급해줄 수 있는 나라가 중국을 비롯해 세계 곳곳에서 든든하게 받쳐주고 있는데 굳이 미국 땅에 비싼 임금을 주면서 공장을 세울 이유가 없어졌기 때문입니다. 월가의 자본가들은 날개를 달았습니다. 특히 세계의 공장 역할을 자임한 중국의 저임금 덕분에 자본 이득은 감당하기 힘들 만큼 불어나기 시작했습니다.

그러나 30여 년간 이어진 세계화가 끝나기 시작했습니다. 첫 번째 이유는 임금 없는 성장으로 인한 미국 중산층의 붕괴였습니다.

2011년 이른바 '월가를 점령하라' 시위가 발발했는데, 당시 시위대가 내세운 구호가 '우리가 99%다'(We are the 99%)였습니다. 오늘날 미국 내 1% 부자들이 미국 전체 부의 75%를 차지할 정도로 빈부의 격차가 극심합니다. 상위 10% 계층의 소득만 증가하고 나머지는 실질소득 증가율이 사실상 '0%'로 중산층이 완벽하게 붕괴했습니다. 세계화 덕분에 슈퍼마켓의 물건값은 싸졌지만, 일반 국민은 더 가난해졌다는 사실을 미국인들이 깨닫기 시작한 겁니다. 트럼프가 대통령에 당선된 것도 그 연장선에 있다고 봐야 할 겁니다.

두 번째 이유는 미국 경제가 중국에 추월당할 수 있다는 공포였습니다. 세계화로 가장 큰 혜택을 본 건 누가 뭐래도 중국입니다. 그러나 중국인들도 진짜 왕서방은 따로 있었다는 사실을 깨닫기 시작한 거죠. 더는 저임금 생산으로 남 좋은 일만 하진 않겠다며 고부가가치의 첨단기술 산업에 도전했고 실제로 성과를 냈습니다. 옷가지나 신발, 가전제품 정도나 만들어 계속 서방 세계에 싼값에 공급해줄 것으로 믿었던 중국이 스마트폰에서부터 5G 통신장비, 전기차와 인공지능까지 선을 넘기 시작했습니다. 20년 전 WTO 체제에 중국을 끌어들인 미국은 중국을 너무 과소평가했다는 것과 중국이 고양이인 줄 알았더니 호랑이 새끼였다는 사실을 깨달았습니다.

이 상태라면 머지않은 미래에 중국의 GDP가 미국을 넘어서게 되고, 이는 굳건한 미국 중심의 동맹에 균열을 불러오게 됩니다. 피보다 진한 게 돈이거든요. 그렇게 되면 미국이 애써 구축해 놓은 미국 중심의 세계 질서도 흔들리게 됩니다. 중국에 생산 공장을 두는 게 불안해지기 시작했습니다. 더 커지기 전에 쳐내야 한다는 생각이 들었겠죠. 트럼프는 무역을 통해 중국을 제재하려 했습니다. 서로 보복 관세를 부과하면서 무역 전쟁이 시작됐지만, 무역은 미국보다 중국이 훨씬 더 잘하는 분야입니다. 미국이 중국에 파는 물건보다 중국이 미국에 파는 물건이 훨씬 더 많았거든요.

1차 무역 전쟁은 중국의 일방적인 승리였습니다. 바이든 대통령이 취임하면서 미·중간 2차전은 기술 전쟁으로 문을 열었습니다. 이번엔 중국의 약점을 정확히 찾아내 공격했습니다. 반도체 기술력이 절대 부족한 중국에 10나노 이하의 첨단 반도체 공급을 차단했습니다. 반도체는 회로 선폭을 가늘게 그릴수록 연산 속도가 빨라지는 데다 전력도 덜 잡아먹고 열도 덜 발생시킵니다. 한국 삼성전자와 대만 TSMC만이 10나노 이하 5나노 반도체까지 양산체제를 갖추고 있고, 이제 3나노 반도체 양산을 준비하고 있는 상태입니다. 중국은 첨단 반도체를 생산할 능력이 없어 한국과 대만에 거의 전량을 의지해 왔습니다. 중국에 첨단 반도체 공급을 하지 말라는 명분은 중국에 공급되는 첨단 반도체가 서방 세계 안보를 위협하는 무기로 전용될 수 있다는 이유였습니다. 중국은 4차 산업혁명 시대를 주도하겠다며 전기차와 자율주행, 인공지능, 5G와 6G 통신 산업에 드라이브를 걸고 있습니다. 10나노 이하의 첨단 반도체를 공급받지 못한다면 이들 산업은 멈춰설 수밖에 없습니다.

특히 트럼프 때는 미국이 혈혈단신으로 중국과 경쟁했지만, 미국 혼자 중국을 상대하기엔 버겁다는 걸 깨달았습니다. 바이든은 그래서 우방국과의 동맹을 강조했습니다. 첨단 반도체를 생산하는 대만과 한국을 끌어들였습니다. 한술 더 떠 미국은 첨단 반도체 생산 시설이 중국의 코 앞인 한국과 대만에 집중돼 있다는 사실이 불안합니다. 돈 앞에 동맹이 어디 있냐는 사실을 잘 알고 있기에 이 두 나라가 언제 등 돌릴지 모르기 때문입니다. 이젠 미국에 들어와서 미국 땅에 첨단 반도체 공장을 지으라고 압박하고 있습니다.

그동안은 미국이 가지고 있는 반도체 기술을 이용해 일본의 소재와 장비로 한국과 대만이 반도체를 생산했고, 이 반도체를 중국이 사서 통신장비와 스마트폰, 전기차를 만들어 다시 미국에 팔았습니다. 세계화가 만든 이 순환고리가 이제 깨지기 시작했습니다. 미국 중산층의 붕괴로 금이 가기 시작한 세계화는 미국과 중국의 패권 경쟁으로 깨지기 직전까지 악화되고 말았습니다. 서로 전쟁을 하면서 사이좋게 지낼 수는 없으니까 말이죠.

투키디데스의 함정이라는 말이 있죠? 어떤 패권 전쟁이든 승자와 패자가 확실하게 가려지지 않은 상태로 어정쩡하게 봉합되는 일은 역사상 없었습니다. 압도적이었던 일본 경제가 1985년 미국과의 플라자 합의 이후 무너지기 시작해 30년 넘게 침체에서 벗어나지 못하고 있는 것만 봐도 알 수 있습니다. 지금 돌이켜 보면 말도 안 되는 일이지만 당시 미국은 세계 경제 패권을 차지한 일본의 엔화 가치를 강제로 상승시켜 일본 기업들의 수출 경쟁력을 낮췄습니다. 엔화 가치가 올라가서 옛날엔 미국인들이 2만 달러에 살 수 있었던 토요타 자동차가 2만 5000 달러가 돼버렸습니다.

환율뿐만이 아닙니다. 지금에나 한국과 대만이 반도체 강국이지 당시엔 세계 반도체 시장을 일본이 석권하고 있었습니다. 미국 반도체 회사들이 문 닫기 일보 직전까지 가자, 미국 정부는 일본과 '미·일 반도체 협정'을 반강제적으로 맺습니다. 일본은 일정 비율 이상의 미국산 반도체를 의무적으로 구매해야 하고, 일본산 반도체 가격은 일정 가격 이상으로 올려야 했습니다. 자유시장 사회에서 생각하기 힘든 협정이었습니다. 후지쓰와 NEC, 도시바 같은 굴지의 일본 반도체 회사들이 소리도 없이 무너졌고 그 자리를 지금의 삼성과 SK하이닉스, 대만의 TSMC가 어부지리로 차지했습니다. 이런 과거에서 알 수 있듯이 아마도 미국과 중국은 확실한 승자가 가려지기 전까진 사생결단식의 패권 경쟁이 이어질 겁니다.

세 번째, 세계화에 확실한 마침표를 찍은 사건이 터졌습니다.

2022년 2월에 벌어진 러시아의 우크라이나 침공입니다. 세계 최대 자산운용사인 블랙록의 CEO 래리 핑크(Larry Fink)는 전쟁이 터진 직후 주주들에게 '지난 30년간 우리가 경험했던 세계화는 이제 끝났다'라는 이메일을 보냈습니다.

전쟁의 시작은 처음 우크라이나가 북대서양 조약기구, 나토(NATO)에 가입하려 하자 나토의 동진을 우려하던 러시아가 우크라이나를 전격적으로 침공하면서 지역 전쟁으로 출발했습니다. 그러나 결과적으로 이 전쟁은 미국과 유럽의 '금융자본주의' vs 중국과 러시아의 '산업자본주의' 간 경제 전쟁으로 확대됐습니다. 세계화 대신 두 개의 경제 블록으로 나뉘면서 다른 나라에 의존한다는 것이 얼마나 위험한 일인지, 특히 믿을 건 스스로 자급자족할 수 있는 자원과 식량이라는 걸 깨닫기 시작했습니다.

개전 초기 미국은 미국이 가진 강력한 두 개의 무기인 군사력과 달러로 러시아를 초반에 제압할 수 있을 것으로 믿었습니다. 먼저 러시아를 경제적으로 고립시키기 위해 스위프트(SWIFT) 결제망에서 러시아를 제외했습니다. 국제간 무역거래를 하지 못하게 만든 겁니다. 또 러시아가 해외에 보유하고 있던 달러 자산을 동결시켰습니다.

자본주의 국가에서 저래도 되는 거냐는 의문이 있었지만, 초반엔 효과가 있었습니다. 루블화 가치가 폭락하고 물가가 폭등하자 러시아 금융당국은 기준금리를 20%까지 올렸습니다. 러시아 경제는 곧 무너질 것처럼 보였습니다. 그러나 러시아엔 에너지 자원이 있었습니다. 서유럽 국가들은 러시아에 맞서 싸우라고 우크라이나에 무기를 지원하면서도 여전히 러시아의 천연가스가 필요했습니다. 중국과 인도는 전쟁의 반사이익으로 러시아로부터 헐값에 석유를 사들일 수 있었습니다.

미국은 러시아에 경제 제재를 취한 직후 러시아에 대한 제재를 어기거나 무력화시키려는 나라들 역시 제재 대상에 포함하겠다고 엄포를 놓았습니다. 그러나 중국의 최대 원유 수입국이 전쟁 이전 사우디아라비아에서 전쟁 이후 러시아로 바뀔 정도로 미국의 경고는 먹히지 않았습니다.

러시아의 석유와 천연가스 수출 대금은 변함없이 들어왔고 루블화 가치는 한 달 만에 정상으로 돌아왔습니다. 러시아를 고립시키려 했던 미국의 전략은 오히려 그 전까지 그다지 사이가 끈끈하지 않았던 중국과 러시아를 뭉치게 했습니다. 미국의 경제 제재에서 살아남기 위해 러시아는 더 자립적으로 됐고, 부족한 부분은 중국에 더 의존하게 된 거죠.

중국과 러시아 두 대국이 힘을 합치는 상황은 그동안 서방의 전략가들이 절대 일어나게 해서는 안 된다고 경고해왔던 일입니다. 두

대국이 힘을 합친다는 것은 유라시아가 세계의 중심이 된다는 걸 의미하기 때문입니다. 이제 미국을 바라보는 세계의 눈이 러시아도 저렇게 버거운데 중국과의 패권 경쟁에서 이길 수 있을지 의심스러워지기 시작했습니다.

그리고 더 중요한 점은 달러에 대한 의심이 커졌다는 겁니다. 미국의 가장 중요한 자산은 누가 뭐래도 달러입니다. 미국 패권의 핵심은 세계 기축통화인 달러에서 나오거든요. 그간의 현대사를 돌아보면 사실 미국은 달러 패권만 건드리지 않으면 쳐들어가진 않았습니다. 미국과 서방 세계에 예치된 러시아의 달러가 동결조치 되는 장면을 보면서 세계 각국은 어떤 생각이 들었을까요? 더구나 동결조치에 그치지 않고 미국 내 러시아 달러 자산을 강제 매각해 우크라이나를 돕는 데 쓰자는 법안이 미국 의회를 통과하기도 했습니다. 물론 바이든 대통령의 조처를 촉구하는 내용이기에 실제 실행에 필요한 구속력은 없었지만, 상징성은 매우 컸습니다. '자본주의의 상징인 미국에서 저럴 수도 있구나, 달러를 충분히 쌓아두는 게 가장 안전한 자산이라 믿었었는데, 인제 보니 달러를 많이 보유할수록 미국 대외 정책의 인질이 될 수도 있겠구나…'라는 생각이 들었을 겁니다. 물론 미국과 사이가 틀어질 일이 영원히 없다면 이런 염려는 하지 않아도 되겠지만 말이죠.

중국의 외화 보유액은 3조 2,136억 달러로 러시아가 보유한 6,170억 달러보다 5배 이상 많습니다. 중국은 이 달러를 모두 중국 내 금고에 보관해두고 있는 것이 아니라 2/3는 미국을 포함한 서방 국가들의 국채로 갖고 있습니다. 이란이나 북한 같은 나라라면 몰라도 국내총생산 GDP 규모로 세계 10위의 러시아의 달러 자산까지 동결시키는 장면을 목격하면서 중국은 러시아가 당했듯이 자신들의 달러 자산도 동결되고 눈 뜨고 뺏길 수 있다는 의심이 강하게 들었을 겁니다.

중국만 그런 의심이 드는 건 아닐 겁니다. 이미 독일도 뉴욕 연방 준비제도에 예치된 독일의 금을 다시 독일로 가져오고 있습니다. 미국의 러시아에 대한 경제 제재 조치는 자신들의 힘의 근원인 달러 패권을 스스로 무너뜨리는 도화선이 됐습니다. 물론 세계화 시대의 공식 화폐인 달러를 당장 대체할 방법은 아직 보이지 않습니다. 그러나 우크라이나 전쟁 이후 세계 각국이 달러를 보는 눈은 확실히 달라졌습니다. 그동안 미국 경제를 무임승차할 수 있게 만들어줬던 달러 기축통화 체제라는 황금알을 낳는 거위의 배를 미국 스스로 가른 셈이 돼버렸습니다.

우크라이나 전쟁 이후 미국과 서방 국가들 중심의 금융자본 주의와 중국, 러시아 등 유라시아 국가들의 산업자본주의로 경제 블록이 확실하게 구분되면서 세계화는 무덤으로 들어갈 것이 거의 확실해졌습니다. 비용이 높아지는 사회로 간다는 얘기입니다. 시장 논리로 따지면 서유럽 국가들은 러시아에 연결된 송유관으로 석유와 천연가스를 사 오는 게 가장 효율적이고 가성비도 좋겠지만 앞으로는 비싼 비용을 치르고 미국에서 배로 실어와야 합니다. 가성비와 생산 효율성보다 이데올로기와 체제, 명분이 더 중요해진다는 의미입니다.

또 경기가 과열되면 물가가 오르는 세상이 될 겁니다. 원래 우리가 살던 세상은 경기가 과열되면 당연히 물가가 올라가는 세상이었습니다. 30년 전까진 원래 그랬거든요. 그러나 세계화가 완성된 지난 30여 년은 굉장히 특별한 시기여서 경기가 과열돼도 세계 어디선가 누군가 싼값에 상품을 계속 공급해줬습니다. 물가가 오르지 않으니 경기가 침체되는 기미가 보이면 돈을 풀어서 경기를 끌어올렸습니다. 돈을 풀면 물가가 오르는 인플레이션이 나타나는 게 당연하지만 지난 30년은 오히려 물가가 너무 오르지 않을까 봐 늘 디플레이션을 걱정해왔습니다.

2008년 금융위기가 닥쳤을 때도 지금만큼은 아니지만 엄청나게 달러를 찍어냈습니다. 정말 겁도 없이 찍어 돈을 풀었습니다. 오죽하면 당시 미국 연방준비제도 의장이었던 벤 버냉키를 '헬리콥터 벤'이라 불렀습니다. 헬리콥터에서 돈을 뿌리듯 시장에 달러를 무차별 공급해 줬다고 해서 말이죠. 세계화가 구축된 이상 아무리 돈을 풀어도 인플레이션은 발생하지 않는다는 확신이 있었기 때문입니다.

2020년 코로나19 팬데믹이 전 세계를 강타하면서 경기침체가 왔을 때 미국 연방준비제도는 과거의 경험과 자신감으로 무려 5조 달러, 우리 돈으로 6,300조 원 정도를 시장에 풀었습니다. 당시 하버드대학 래리 써머스 교수 같은 일부 경제학자들은 '경험해 보지 못한 인플레이션이 곧 찾아올 것이다. 이런 어마어마한 돈을 풀어놓고 어떻게 아무 일 없이 지나가길 바라느냐?'며 인플레를 경고했지만, 연방준비제도는 돈 풀기를 멈추지 않았습니다. 과거 30여 년 동안 경험상 인플레이션이란 건 역사책에나 있는 얘기지 실제 현실에선 일어나지 않는다는 걸 봐왔거든요.

그러나 세상이 변했다는 걸 간과했습니다. 이미 코로나19가 창궐하기 전부터 세계화에 금이 가기 시작했고, 설상가상으로 러시아가 우크라이나를 침공하면서 인플레이션이란 잠자던 용이 깨어났습니다. 경기가 과열되고 또 시장에 돈을 풀면 물가가 올라가는 인플레이션이 생기는 건 당연합니다. 앞으로도 그럴 겁니다. 30여 년전 원래의 세상으로 다시 돌아가는 겁니다.

그럼 앞으로 세계 경제는 누구에게 더 유리하게 돌아갈까요? 일단 경제 요소의 실체가 있는 유라시아 산업자본주의 국가들이 유리해질 가능성이 큽니다. 원자재와 식량이 중요해질 텐데, 유라시아 국가들은 자급자족할 수 있지만, 서방은 가능하지 않습니다. 서방 국가들은 산업화 이후 자급자족을 이룬 적이 거의 없습니다. 당장 서유럽 국가들만 해도 석유와 가스뿐 아니라 밀가루 등 식량의 절대량을 러시아에 의존해왔습니다. 그러다 보니 자원과 식량을 가진 나라가 '갑'이 될 가능성이 큽니다. 그동안 선진국들에 착취를 당하던 제3세계 국가들의 목소리와 위상이 커질 것이란 전망입니다.

자원과 식량의 무기화가 노골적으로 진행되면서 당장 모든 게 까딱하면 품귀 현상으로 이어집니다. 인도네시아가 팜유 수출을 금지하자 식용유 사재기가 벌어졌고, 인도도 밀 수출을 제한하고 있습니다. 러시아는 반도체 제조에 필요한 네온 등 희귀가스에 대한 수출통제를 시작했습니다. 전기차와 반도체 제조에 필수적인 희토류는 전 세계 공급량의 절반 이상을 중국이 차지하고 있습니다.

얼마 전 중국에서 요소수 수출을 금지하면서 우리나라의 디젤 차량이 요소수를 구하지 못해 대란이 일어났듯이 우리가 중국에 절대량을 의존하는 원자재 품목만 600여 개에 달한다고 합니다. 우리가 요소수를 못 만드는 것이 아니라 굳이 우리가 만들 필요가 없었기에 만들지 않고 중국에 의존했던 건데, 앞으로 이런 저부가가치 상품의 생산 시설을 복원해야 할지도 모릅니다. 당연히 생산 가격은 비교할 수 없을 만큼 비싸지겠죠.

지난 30년 이상 세상은 품귀란 걸 모르고 살아왔지만, 앞으론 생각지도 못했던 물건이나 원자재, 또 곡물이 갑자기 수출 금지돼 품귀 현상이 벌어질 가능성이 큽니다. 지구촌 각 나라가 서로 부족한 자원을 주고받으면서 어정쩡한 균형을 이루며 살던 그런 시대는 이제 끝났고, 어쩌면 다시는 볼 수 없을지도 모릅니다.

앞으로 세계 경제의 핵심은 자급 능력의 여부에 달려 있습니다. 한국은 지난 30여 년간 세계화의 혜택을 가장 많이 받은 나라 가운데 하나였습니다. 선진국들이 세계화로 생산 부문을 해외로 옮길 때 한국 역시 이 과정에서 자본과 기술을 축적해 경제 강국으로 도약할 수 있었습니다.

세계화의 종식은 한국의 크나큰 위기입니다. 미-중 패권 경쟁과 우크라이나 전쟁으로 세계 경제가 노골적으로 블록화되는 상황에서 어느 쪽에 설 것인지 선택하라고 강요받고 있습니다. 에너지는 물론 천연자원과 원자재, 식량, 어느 하나 자유롭지 않은 한국 경제는 자급자족까지는 아니더라도 버틸 힘을 키우기 위해 대외 의존도를 줄이는 노력부터 시작해야 합니다.

2부

부의 기회는
항상 존재한다

염승환

2005년 이트레이드증권(이베스트투자증권의 전신)에 입사해 16년간 일해왔다. 현재 이베스트투자증권 디지털사업부 이사에 재직 중이다. 한국경제TV, 매일경제TV 등 다양한 방송에 출연하면서 개인투자자들과 소통하기 시작했고, <삼프로TV>, <이리온> 유튜브 채널에도 고정 출연하며 '염블리'라는 별명으로 불리고 있다. 저서로는 『주린이가 가장 알고 싶은 최다질문TOP77』, 『투자의 신세계』 등이 있다.

Q 투자자들은 과연 어떤 정보를 믿고
투자해야 할까요?

A 주식투자자들의 커뮤니티나 사석에서 하는
말씀 중에 '증권사 믿지 마라', '방송 나와서
하는 말 걸러라'라는 격언이 있습니다. 제가
증권사 소속이라서 드리는 말씀이 아니라
애널리스트는 시장에서 가장 합리적이고
사실에 근거한 정보를 주는 분들입니다.

01

주식투자, 힘들 때일수록
기본에 충실하라

염승환

어떤 일을 하든 기본의 중요성은 아무리 강조해도 지나치지 않을 것입니다. 우리가 주목할 업종을 짚어보기 전에 주식투자의 초심자이든 숙련된 분이든 되새기면 좋을 투자 결정 시 필수적 요소들을 잡고 가 보겠습니다.

투자를 결정하는 데 필요한 여러 요소 중에서 가장 먼저 말씀드리는 요소는 시가총액입니다. 요즘엔 공부하는 투자자들이 많아졌지만, 아직도 상당수의 투자자분이 기업의 가격에만 집중합니다. 예를 들어 SK하이닉스의 주가는 2022년 4월 말 기준 11만 원 선을 오르내렸습니다. 그리고 그때 LG생활건강의 주가는 90만 원 선이었습니다. 그러면 둘 중에 어떤 주식이 더 좋은 걸까요? 여기서 우리가 단순히 주가만 보고 판단하는 것은 무리입니다. 두 주식이 가진 각각의 기술 수준, 재무 건전성, 성장동력 등을 종합적으로 고려해 보면 더더욱 그런 판단은 할 수 없습니다. '가격은 가격일 뿐'이라는 말씀을 드립니다.

주식을 발행할 때 어떤 회사는 100만 주를 발행하고, 또 어떤 회사는 1억 주를 발행하기도 합니다. 이렇게 주식은 종목마다 발행하는 주식 수의 차이가 있습니다. 이 주식 수에 현재 가격을 곱한 숫자가 시가총액이고 기업의 크기가 되는 건 투자자들이 다 아는 사실입니다. 삼성전자의 2022년 4월 말 주가는 6만 5000원이었는데 시가총액이 380조 원에 달했습니다. 같은 시점에 포스코홀딩스는 주가가 28만 원이었지만 시가총액은 25조 원으로 삼성전자에 훨씬 못 미치죠. 여기서도 주가가 높다고 우량하다거나 더 오를 좋은 주식이라고 할 수 없다는 사실을 발견할 수 있습니다.

시가총액은 업계 경쟁력 비교의 준거로 활용할 수도 있습니다. 전기차 섹터에서 테슬라(Tesla) 시가총액이 1,000조 원을 돌파했습니다. 그런데 현대차의 시가총액은 40조 원입니다. 현대차가 테슬라보다 역사도 훨씬 길고 자동차 생산량도 많지만, 전기차 시장에 먼저 깃발을 꽂고 리드하고 있다는 측면에서 테슬라를 투자자들이 더 높게 평가하는 겁니다.

시가총액에 주목하면 좋은 점 또 하나는 알짜배기거나 대장주인데 내가 몰랐던 기업을 찾을 수 있다는 점입니다. 전기차 배터리의 시장 점유율 세계 1등인 곳이 중국의 CATL*(Contemporary Am-perex Technology, 닝더스다이)이라는 기업입니다. 2등이 LG에너지솔루션으로서 시가총액이 97조 원입니다. 이에 비해 CATL의 시가총액은 173조 원입니다. 불과 1등과 2등이라는 한 단계 차이가 있

을 뿐인데, 시총은 두 배 가까이 차이가 나죠. 이는 CATL에 중국 내수시장의 후광이 반영되어 높게 평가되고 있음에 기인합니다. 또 다른 시각으로 보면 LG에너지솔루션이 CATL보다 저평가되어 있다고 생각할 수 있겠죠.

투자자들은 과연 어떤 정보를 믿고 투자해야 할까요?

주식투자분들 커뮤니티나 사석에서 하는 말씀 중에 '증권사 믿지 마라', '방송 나와서 하는 말 걸러라'라는 격언이 있습니다. 제가

증권사 소속이라서 드리는 말씀이 아니라 애널리스트는 시장에서 가장 합리적이고 사실에 근거한 정보를 주는 분들입니다. 그리고 그 정보는 평범한 내용이 아니라 현장 실사, 일반 투자자가 접근하기 어려운 고급 정보를 바탕으로 합니다. 증권사 분석을 불신하는 분들은 "주가가 얼마 오른다고 목표가를 제시하더니 안 맞더라"라고 합니다. 이런 분들은 애널리스트에게 '신의 능력'을 기대하는 측면이 있는데요. 그런 기대로 인해 희망과 절망을 오가기보다는 애널리스트를 논리와 근거를 제공하는 파트너로 삼으면 투자자분들의 투자 성공 확률이 높아질 수 있습니다.

애널리스트들이 투자의견을 내기까지 과정을 살펴보면 좀 더 이해가 쉬울 텐데요. 종목의 펀더멘털에 문제가 있고 기타 투자 여건에 부합하지 않으면 애널리스트들은 기본적으로 보고서를 아예 내지 않습니다. 그리고 투자의견에 'NR'이라고 표시된 종목들이 있습니다. 이는 현장을 실사하고 투자 정보들을 받았지만, 상장된 지 얼마 안 됐거나 확신이 없는 종목인 경우입니다. 즉, 애널리스트의 보고서는 '좋아 보인다'라는 막연한 생각이나 감으로 작성되는 게 아니라는 것이죠. 그리고 실사나 분석이 필요하면 추가로 분석을 진행하고 매수·매도, 상승·하락 등의 투자의견이 업데이트됩니다.

가령 어떤 종목의 주가가 5000원인데 목표가격은 '1만 원'이고,

투자의견은 '매수'라는 식으로 제시되는 겁니다. 그러면 투자자들은 이게 단기간의 예언이 아니라 12개월 내 주가 흐름에 대한 추정임을 염두에 두어야 합니다. 1만 원이라는 목표가의 근거와 자료를 숫자나 방향보다 눈여겨봐야 하죠. 우리가 애널리스트의 보고서를 꼼꼼히 파헤치고 이해하면 반드시 남다른 시야가 생기고 투자 승률이 더 높은 경지에 이를 수 있습니다.

주식의 분류와 속성을 이해하면 계획을 세우고 투자전략·전술을 기초부터 탄탄하게 수립할 수 있습니다.주식은 성장주, 가치주, 경기방어주, 경기민감주와 같이 분류합니다. 형식상 이렇게 나누지만, 경기방어주가 성장주가 될 수도 있고 이들의 관계는 상호 유기적입니다.

우선 경기방어주는 호황·불황 등 경기를 크게 타지 않는 기업의 주식을 가리킵니다. 대표적으로 인간의 기본 생활에 필수인 물, 가스, 통신, 전기 관련 주식들이 이에 해당합니다. 우리나라 인구가 내년에 갑자기 수백만 명 증가하거나 물, 전기가 갑자기 끊기는 일은 발생하지 않죠. 고정된 고객, 좁은 땅을 두고 서로 땅따먹기를 하며 불경기가 와도 기업이나 투자자들이 손실 방어를 기대할 수 있는 주식이 경기방어주입니다.

▲ 기업 분석의 예시들

그래서 일반적인 경기방어주는 주식시장에서 좋게 말하면 안정적이고, 직접적으로 말하면 고평가를 받기 어려운데요. 여기에 갑자기 새로운 변수가 생겼습니다. SK텔레콤·KT·LG유플러스의 통신 3사가 네트워킹 기술력을 활용해 메타버스, 사물 인터넷과 같은 빅데이터 기반 시장에 진출한 것입니다. 예를 들어 SK텔레콤은 2025년 UAM* 상용화를 추진하는 컨소시엄의 일원으로 참여하고 있습니다. KT는 현대모비스, 카카오와 함께 자

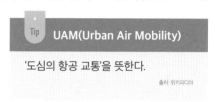

Tip **UAM(Urban Air Mobility)**
'도심의 항공 교통'을 뜻한다.
출처: 위키피디아

율주행차 부문에서 개발 협력을 진행 중입니다. 이같이 경기방어주였으나 미래 가치가 더 큰 성장주로 평가되고, 그 반대도 성립하는 시장이 주식시장입니다. 그래서 투자자분들께 "백미러를 자꾸 보지 마시고 앞을 보고 가자"라는 말씀을 드리고 싶습니다. 주식 종목은 항상 과거보다 미래가 더욱 중요함을 기억하시기 바랍니다.

가치주는 미래 가치에 비해 지금의 주가가 싼 주식을 보통 가치주로 봅니다. 가치가 더욱 커질 가능성을 바탕으로 고평가가 이뤄지는 성장주와 또 다릅니다. 대표적인 가치주로 은행주가 있습니다. 은행은 매년 이익이 조 단위죠. 하지만 주식은 시가총액이 10~20조 원 선이고 PER이 10 이상을 기록하기 어렵습니다. 또한 은행은 금산분리*(金産分離)를 비롯한 정부 규제가 워낙 엄격하여 일반 기업처럼 큰

성장이 어려운 대신 안정적
이라는 강점을 지닙니다.

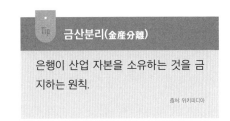

Tip 금산분리(金産分離)

은행이 산업 자본을 소유하는 것을 금지하는 원칙.

출처 위키피디아

경기민감주는 용어에서
주는 느낌으로 직관적인 이
해가 가능할 겁니다. 이는 경기가 전반적으로 좋으냐 나쁘냐에 따라
서 실적과 주가가 민감하게 움직이는 주식을 뜻합니다. 대표적으로
철강, 건설, 화학이나 정유 같은 석유 관련 업종이 경기민감주에 속
합니다.

우리에게 필요한 것은 각 유형의 특성을 어떻게 활용하느냐의
문제입니다. 우선 성장주는 내가 해당 기업과 동업을 한다는 자세로
투자해야 한다고 말씀을 드립니다. 태양광 관련 기업 중 'OCI'라는
곳이 있습니다. 한때 태양광 패널 부문에서 시장 점유율이 세계 최
고 수준에 이르면서 이 회사의 주가가 60만 원까지 치솟았다가 3만
원 선까지 곤두박질쳤어요. 중국의 물량 공세, 저가 공세에 밀리고
태양광 시장이 침체에 들어가는 바람에 OCI의 주가가 롤러코스터
를 탔는데요. 최근 탄소중립 추진에 따른 수요 증가로 12만 원을 웃
도는 극적인 상승을 기록했습니다.

우리가 흔히 말하는 동업의 리스크가 무엇입니까? 잘되면 정말

좋지만 망하면 같이 망하는 것이죠. 성장주 중 최고인 테슬라도 처음부터 대장이고 미래의 전망이 밝았냐면 아니거든요. 투자자들이 '이 회사에 내 명운을 건다'라는 각오와 분석을 해야만 성장주에 투자할 수 있고 큰 수익을 볼 수 있습니다.

반면 가치주는 손실이나 위험을 싫어하거나 감수할 여력이 되지 않는 투자자에게 좋습니다. 이런 주식은 안정적이면서도 은행 예·적금 수익보다 더 크고 쏠쏠한 수익을 기대할 수 있으니까요. 보유 중인 어떤 주식으로부터 연 5% 이상의 배당금을 누릴 수 있다면, 그 금액은 결코 적은 게 아닙니다.

그리고 은행주가 가치주에서 성장주로 변모할 수도 있는 시장이 주식시장입니다. 경기 회복, 호황이 돌아왔을 때 예대마진*(預貸margin)이 커지면 은행의 수익도 증대되고 그만큼 주식의 가치도 고평가될 수 있습니다.

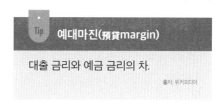

Tip 예대마진(預貸margin)

대출 금리와 예금 금리의 차.

출처: 위키피디아

방송이나 소문으로 종목의 호재를 접하고 뒤늦게 매수했다가 손실을 보고 후회하는 투자자가 많습니다. 그 소식이 널리 알려지고 내 귀에까지 들어왔을 때는 거의 고점이고 이미 '잔치가 끝났다'라는 점을 기억해야 합니다. 군중심리에 휩쓸려 이를 망각하는 경우를 자주 봅니다.

이슈나 테마가 주가에 미리 반영된다는 의미의 '선반영 속성'을 보여주는 유명한 사례로, 2019년 대우조선해양 매각설 이후 주가가 급락한 사건이 있습니다. 대개 종목의 호재는 3~6개월 앞서 주가에 반영되는데요. 2018년 하반기에 대우조선해양이 팔린다는 소문이 확 퍼지고 주가가 상승을 거듭했었습니다. 그러다 2019년 1월 말, 현대중공업이 대우조선해양을 인수한다고 공식 발표를 했습니다. 세계 1위 조선사가 인수한다는 내용의 뉴스는 호재지만, 이미 주가 반영은 전년 하반기에 끝났고 뒤늦게 대우조선해양을 매수하신 분들은 큰 손해를 보고 말았습니다.

같은 이유로 바이오 섹터에서도 좋은 뉴스가 떴는데 주가가 왜 하락하는지 의아했던 투자자가 많을 겁니다. 그래서 우리는 주식의 '선반영 속성'을 유념해야 하죠. 어떤 회사가 신약 개발에 성공했다고, 해외 공급 계약을 체결했다고 섣불리 매수하면 고달픈 결과를 자초하는 겁니다.

그리고 우리가 역발상을 해보면 악재에 당황하지 않고 오히려 매수하는 선택을 할 수도 있는 겁니다. 외환위기나 대공황 같은 메가톤급 악재가 아니라면 말입니다. 삼성전자를 보십시오. 오너의 구속은 상식적으로 기업에 결코 좋은 일이 아니죠. 그러나 투자 고수나 기관들은 악재에 도망가는 투자자의 심리를 이용하며 그들이 버리고 간 주식을 매수합니다. 실제로 2021년 1월 이재용 삼성전자 부회장의 구속이 확정된 당일 삼성전자의 주가가 3% 정도 낮아졌지만, 다음날부터 주가 반등에 성공하고 상승세가 이어졌습니다. 2009년 8월 이건희 회장이 유죄 확정판결을 받았을 때도 당일부터 한 달 후까지 삼성전자 주가가 껑충 뛰었습니다. '투자의 거인'들은 '악재가 모두 발발했으니 이제 호재만 있겠구나'라고 받아들이는 겁니다.

"버블을 미리 알고 대응하는 방법이 있을까요?" 투자자들로부터 이런 질문을 종종 듣는데요. 제가 미래에 대비할 것을 강조하고는 있지만 이에 대한 답변은 "방법이 없다."입니다. 저뿐 아니라 전업 투자를 하는 고수라도 예측할 수 없는 일입니다. 다만 노련한 투자자가 할 수 있는 건 '버블이 터지기 시작할 때 알아채고 손실을 최소화'하는 정도입니다.

과거 2005년 코스피가 1,000포인트, 2007년엔 2,000포인트를 돌파했습니다. 주가지수에서 나타나듯 우리 시장에 훈풍이 불고 특히 조선 관련 종목들에 호황이 찾아옵니다. 전 세계적으로 유동성이 넘쳤고 특히 중국이 투자를 늘린 데다가 해운 수요가 늘어나면서 우리 조선사들에 어마어마한 규모의 주문이 몰린 결과였습니다. 그때

조선주의 주가가 10배씩 뛰었으니 투자자들은 행복한 시기였죠. 하지만 그 기쁨의 시간이 오래가지 못하고 시장의 버블이 터지면서 조선주가 반의반의 반 토막이 됐어요. 지나고 나서 보면 주가가 왜 그렇게 되었는지 알 수 있지만, 당시엔 누구도 조선주가 고점에서 수직 낙하할 거라고 예상하지 못했습니다.

그렇다면 내가 투자한 종목에 버블이 끼었는지 가늠할 지표가 따로 있을까요? 바로 PER을 보면 됩니다. 예를 들어 1,000억 원을 버는 회사가 있다고 가정해보죠. 이 회사는 시가총액이 1조 원입니다. 그러면 시가총액을 순이익으로 나눴을 때 PER 10이 나옵니다. 이 종목은 주가가 합리적인 경우라 볼 수 있습니다. 참고로 우리나라 주식들의 평균 PER은 8~12를 오르내리고 있습니다.

전기차, 바이오, 건설 등 호재가 집중되고 급등 사이클을 타는 섹터의 주식에서 PER이 100을 웃도는 경우가 있습니다. 2020년 모 제약사는 PER이 800을 넘기도 했습니다. PER이 100까지 가면 순이익이 시가의 100분의 1에 불과하다는 것입니다. 이렇게 되면 주가가 실적 악화, 경기 변동의 진동에 더 크게 흔들리고 무너질 가능성도 커지는 겁니다. 그러니 우리는 종목의 펀더멘털과 시장의 업황과 수요와 공급을 함께 조망하고 PER이 합리적인지 판단할 수 있어야 합니다. 투자자들은 버블이 터지는 타이밍을 맞춘다는 희박한 가능성에 도전하기보다 손실을 줄이는 접근법을 취하길 바랍니다.

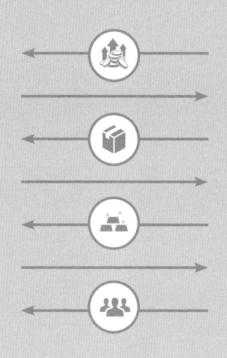

염승환

2005년 이트레이드증권(이베스트투자증권의 전신)에 입사해 16년간 일해왔다. 현재 이베스트투자증권 디지털사업부 이사에 재직 중이다. 한국경제TV, 매일경제TV 등 다양한 방송에 출연하면서 개인투자자들과 소통하기 시작했고, <삼프로TV>, <이리온> 유튜브 채널에도 고정 출연하며 '염블리'라는 별명으로 불리고 있다. 저서로는 『주린이가 가장 알고 싶은 최다질문TOP77』, 『투자의 신세계』(공저) 등이 있다.

Q

지금과 같은 시기에는 어떤 종목이 유망할까요?

A

LNG운반선에 대한 수요 증가는 장기간 이어질 가능성이 큽니다. 2022년 상반기 내내 이어진 약세장에서도 현대중공업을 중심으로 한 조선주와 조선기자재 관련주의 주가가 견조했던 이유입니다.

조선주의 약진은 글로벌 악재 가운데서도 오를 주식은 오른다는 교훈을 일깨워 줍니다. 악재를 기회로 삼는 곳은 없을지 한 번 둘러보시고 나의 투자 안정성이 흔들리지 않을 만큼 분산투자 전략을 가져가 보시기 바랍니다. 장기간 지속하고 있는 하락장에서도 승자가 될 수 있을 것입니다.

02

하락장을 이길 수 있는
종목을 찾자

염승환

끝이 보이지 않던 코로나19 팬데믹도 정점을 찍고 전 세계가 팬데믹 이전의 일상 회복을 위해 움직이고 있습니다. 중단됐던 대규모 콘서트, 페스티벌이 하나둘 재개되었습니다. 영업시간 제한, 집합 인원 제한이 해제되며 식당과 주점들이 활력을 되찾았습니다. 미루고 못 가던 국내외 여행을 가기 위한 여행객들로 공항이 가득 차고, 숙박시설의 예약은 몇 달 뒤까지 밀리고 있습니다. 이러한 소비의 회복 덕분에 혜택을 보는 기업들이 있고 이들의 주식을 '리오프닝주'라고 합니다. 다만 이런 주식 내에서도 당장 오르는 주식, 간격을 두고 오르는 주식 간 시차가 종목별, 섹터별로 존재하는 것 또한 염두에 두십시오.

예를 들면 주류 섹터는 소비자들이 특정 시점에만 술을 마시는 게 아니기도 하고 사회적 거리두기 해제에 따른 소비가 증폭하기 때문에 빠르게 상승이 나타납니다. 반면 면세점, 화장품, 항공 섹터는 아무리 '주가는 선반영'이라 해도 코로나19 팬데믹 이전 수준의 회복까지는 시간이 필요하므로 보합 또는 일시 하락이 나타날 수 있습니다.

투자자들이 생각해 볼 부분은 리오프닝주에 속하는 기업들의 펀더멘털입니다. 화장품, 의류, 여행 등 관련 기업들의 경영 실적이 팬데믹 이전에도 탁월하지는 않았는데, 그 사이에 구조적인 개선이 이뤄지거나 대형 히트 아이템이 나오거나 한 것도 없습니다. 그래서 리오프닝주는 투자자들이 '다들 매수하니까 나도 하자'와 같은 심리로 투자하면 큰 낭패를 볼 수 있습니다. 사람들의 기대감과 흥분이 가라앉은 뒤에도 꾸준히 성장할 기업인지 중장기적으로 살펴보는 투자를 해야 합니다. 자신이 이런 투자를 하기 어렵다고 판단되면 리스크가 분산되는 ETF를 선택해도 괜찮습니다.

우리나라의 2022년 4월 수출 실적이 약 576억 달러에 달하며 동월 기준 역대 최고 실적을 달성했다는 낭보가 있었습니다. 그러나 무역수지와 경상수지가 모두 적자의 그늘이 짙어졌습니다. 수출이 '역대급'이면 '역대급' 흑자가 나야 하는데 어떻게 된 일일까요?

석유를 비롯한 원자재 수입 가격이 급등했기 때문입니다. 국제유가가 배럴당 100달러 선 위에서 내려올 줄 모르고 연쇄 효과로 1년 만에 LNG 가격이 500%, 석탄 가격은 250% 폭등했습니다. 치킨집 운영하면서 매출은 쏠쏠한데 전기료, 재료비 상승으로 남는 게 없는 상황이라 생각하시면 단박에 이해될 겁니다.

수출입 실적은 숫자로 끝나지 않고 주식시장의 거시적인 흐름에 영향을 주는 변수이기도 합니다. 무역수지와 경상수지의 적자가 지속되면 한국 증시를 부정적으로 보는 외국인 투자자들이 많아집니다. 그들은 '매출은 훌륭한데 결국 실속이 별로 없네'라는 생각을 하게 되는 거지요.

우리나라는 100% 원자재 수입국인지라, 외부 변수에 취약할 수밖에 없습니다. 수입 가격이 계속 상승하면 국부 유출이 계속되기 때문에 외환보유고는 감소하고 환율은 상승할 수밖에 없습니다. 환율이 오르면 외국인의 국내 주식 매도세가 두드러지고 한국 증시의 밸류에이션(Valuation)이 하락합니다.

우리나라 경제가 해외 원자재 수급에 영향을 받는 것이 어제오늘의 일은 아니었지만, 예전과 다른 점은 원자재 가격을 결정짓는 국제 상황이 전과 달리 엄중해졌다는 것입니다. 러시아가 서유럽의 우크라이나 지원에 대한 반발로 가스관을 잠갔습니다. 그리고 OPEC과 러시아가 포함된 OPEC 플러스는 "가시적인 석유 증산은 없다"

라고 합니다. 난방 수요가 늘어나는 겨울까지 원자재 가격 압박이 계속된다면 증시와 기업에 큰 부담이 되는 만큼 투자자들은 뉴스를 잘 따라가며 대비할 필요가 있습니다.

투자자 커뮤니티를 보면 삼성전자와 SK하이닉스 주식을 매수했다가 주가가 하락하자 힘들어하는 경우가 많습니다. 이런 분들은 삼성전자가 역대 최대 실적이라던데 '십만전자'는커녕 '육만전자'까지 무너지게 된 현실이 답답했을 겁니다. 반도체주의 약세는 주요 반도체 중 하나인 메모리 반도체 수요와 관련이 있습니다. 무엇보다 일상 회복이 진전되고 재택근무가 축소되면서 PC와 통신 장비의 신규 수요가 줄어들고 기기용 메모리 반도체 주문도 감소하는 추세입니다. 여기에 중국 정부가 '제로 코로나'를 선언하면서 상하이를 비롯한 일부 대도시 봉쇄를 단행하는 바람에 반도체 생산 및 출하가 막혔는데요. 그래서 반도체를 구하기도 어렵고 비싸니 공급량이 좀 풀리면 구매하자는 '수요 절벽'이 생긴 겁니다. 공급 부족의 상황에서 반도체 가격이 오히려 하락하는 현상이 나타난 거죠. 아울러 파운드리 반도체 부문에서는 TSMC가 부동의 1위를 달리고 있고 인텔이 2024년 삼성전자 추월을 목표로 공격적인 설비 투자를 시작하면서 삼성전자와 SK하이닉스에 큰 호재가 없다는 인식과 우려가 주가에 반영됐다고 볼 수 있습니다.

그렇다면 삼성전자와 SK하이닉스 투자자들을 구할 기쁜 소식은 기대할 수 없을까요? 제가 보기엔 아직 이 두 종목에 희망이 있습니다. 그 이유는 과거와 달리 서버용 메모리 시장이 급성장하고 있는 모양새인데, 이 시장에서 삼성전자와 하이닉스가 강력한 경쟁력 우위를 누리고 있기 때문입니다. 서버용 메모리 시장의 수요는 구글, 메타, 아마존 같은 빅테크 기업들이 주도하고 있는데요. 시장 전망치를 웃도는 실적을 기록하거나 실적은 보통이지만 대규모 투자 계획을 밝혔다는 점에서 전망이 좋습니다. 구글의 모기업 알파벳(Alphabet)은 2021년 4분기 753억 달러(우리 돈 약 90조 원)라는 어마어마한 매출을 기록해 시장을 깜짝 놀라게 했는데 수석부사장이 앞으로도 클라우드 성장을 위한 서버 인프라 확대를 계속하겠다고 발표했습니다. 페이스북에서 사명을 변경한 메타는 2022년 투자 규모를 전년 186억 달러(약 22조 원)보다 늘어난 340억 달러(약 40조 원)로 늘려 서버 및 네트워크 구축에 집중한다고 합니다. 또 아마존도 자회사 AWS(아마존웹서비스)를 통해 2022년 1분기에 전년 동기 대비 36% 늘어난 184억 달러의 매출액을 거두며 클라우드 구축·유지 수요가 이어질 것으로 보입니다. 마이크로소프트는 대형 게임사 액티비전 블리저드(Activision Blizzard)를 인수하며 '클라우드 게임계의 넷플릭스'를 출범시키겠다고 벼르고 있습니다.

이러한 빅테크 기업들의 니즈에 맞는 반도체 공급이 서버용 반도체 시장에서의 성패를 가를 텐데요. 삼성전자는 처리 속도와 전력 효율을 끌어올린 DDR5 반도체, SK하이닉스는 SSD*(Solid State Drive)를 높은 수율(양품 비율)로 생산하며 치열한 반도체 경쟁을 이겨내고 있습니다.

Tip **SSD(Solid State Drive)**

SSD는 하드디스크를 대체하는 고속의 보조기억장치이다. 반도체를 이용하여 정보를 저장하는 장치로서 하드디스크드라이브(보조기억장치, Hard Disk Drive)보다 속도가 빠르다.

출처: 위키피디아

우리는 삼성전자와 SK하이닉스를 둘러싼 반도체 시장의 각축전에만 신경을 많이 씁니다. 하지만 이 시장에서 최근 1~2년 사이 어떤 수요와 거래가 발생했고, 얼마나 규모가 더 커질지도 잘 확인해 두어야 주가 하락에 따른 패닉 셀링(Panic Selling)과 뇌동 매매(雷同賣買)를 예방할 수 있습니다.

그동안 조선주는 가치주로 분류되는 경우가 많았고 그렇게 알고 계신 분들이 많을 겁니다. 그런데 ESG*(Environmental, Social and Governance) 경영이 투자 평가

Tip **ESG 경영**

기업 활동에 친환경, 사회적 책임 경영, 지배구조 개선 등을 반영해야 지속 가능한 발전을 할 수 있다는 경영 철학을 말한다.

출처: 위키피디아

요소에 포함될 만큼 자리를 잡고 세계적으로 탈탄소를 위한 공조가 계속되는 시대 흐름에 맞춰 조선 산업도 어느새 변화를 맞고 있습니다. 조선주를 이제 성장주로 분류하는 분도 있더군요.

조선 산업에서 돋보이는 변화는 우선 연료의 전환입니다. 배를 타 본 사람들은 매연과 매캐한 석유 냄새를 경험했을 겁니다. 신문을 보니까 울산항과 부산항의 초미세먼지 농도 기준의 나쁨에 해당하는 '㎥당 35㎍'를 초과한 날이 부산 시내보다 20일 이상 더 많더라는 기사도 있었는데요. 이러한 선박의 탄소 배출 감축을 위한 공조와 정책 시행이 본격화됨에 따라 연료부터 LNG로 바꾸는 노력이 전개되고 있습니다.

예를 들면 2022년 들어 한국조선해양, 대우조선해양이 수주한 물량 중 가장 비중이 큰 선박이 LNG운반선인데요. 이미 2025~2026년 인도 예정인 새 선박의 상당수를 LNG 추진선으로 건조하고 있습니다.

그런데 이 배의 가격은 900~3,000억 원에 이릅니다. 전 세계에서 이를 제대로 만들 수 있는 회사는 주로 우리나라의 조선 3사입니다. 최근 중국 조선사들의 추격이 만만찮지만, 차세대 선박을 만드는 연구개발 및 건조 역량과 신임도는 우리 조선사가 월등합니다. 이는 수주 실적과 시장 점유율로 확인할 수 있습니다.

LNG 추진선이 탈탄소의 과도기 단계라면 더욱 진전된 모델인 자율운항선박이 조선주의 '게임 체인저'가 될지 주목할 만합니다. 이 선박은 자율주행차처럼 전기 엔진으로 움직이면서 AI(인공지능)가 암초와 기상, 인접 선박을 확인해 최적화된 루트로 운항합니다. 우리의 양대 조선사를 비롯해 해외 경쟁사들도 실제 운항에 성공하는 등 자율운항선박 시장 선점을 위해 바삐 움직이고 있습니다.

　　일본 최대 해운사 미쓰이OSK라인(Mitsui O.S.K. Lines)은 2022년 초 세계 첫 컨테이너선 자율운항에 성공했습니다. 300km의 거리를 이동하며 출항부터 정박까지의 모든 과정을 선원 없이, 사고 없이 자율운항 시스템이 수행했습니다. 롤스로이스(Rolls-Royce)와 노르웨이 해운사도 이 시스템의 실제 운항에 성공해 상용화 진행을 추진 중입니다. 한국조선해양 사내 벤처 아비커스의 포항운하 운항 성공을 시작으로 우리 조선사들도 선박 크기, 운항 거리를 늘리며 기술 개발에 박차를 가하는 중입니다.

　　이렇게 전 세계적으로 해운업의 연료 전환이나 신기술 개발이 활발해진 이유는 당장 2023년부터 IMO*(International Maritime

Tip　국제해사기구(IMO)

1948년에 설립된 기구로 해상에서 안전, 보안과 선박으로부터의 해양오염 방지를 책임지는 국제연합 산하의 전문 기구이다.

출처: 위키피디아

Organization, 국제해사기구)의 환경 규제가 시행되기 때문입니다. 그때 운항할 선박들은 모두 탄소 배출을 줄여야 합니다. 그리고 이 규제는 탄소 배출을 얼마나 잘 줄이느냐에 따라 등급을 매겨 E등급을 받거나 3년 연속으로 D등급을 받으면 선박 운항을 제한하는 등 강력한 면모가 있습니다. 계속해서 규제 기준이 높아질 예정인데다 중대형 선박은 친환경 선박으로 대체될 전망입니다. 그래서 우리는 지금보다 미래 가치가 커질 가능성이 있는 이 업종을 주목해볼 만합니다.

자율운항선박은 환경 요인 외에도 운송과 경영의 효율 제고라는 오랜 고민에 매력적인 해법이 될 수 있습니다. 그래서 그 수요가 꾸준할 것입니다. 이 선박은 선원 숙식, 안전장비 구비에 소요되는 비용과 공간을 절감해서 화물 선적을 더 많이 하는 장점도 있습니다. 국내외 통계에 따르면 해양 사고의 최대 90%가 사람의 실수로 인해 발생했다고 합니다. 이런 사실도 세계가 자율운항선박의 등장을 앞당겨야 할 이유가 되죠.

이처럼 통념상으로는 보수적이고 변화가 더디다고 여겨지는 섹터에서도 내부적으로, 또 전 세계적으로 연구개발과 혁신이 계속되고 있습니다. 환경 규제처럼 산업 전반을 움직이게 만드는 빅 이슈에서부터 섹터 내 기업들의 주요 실적, 수주 현황 등에 이르기까지 잘 팔로우하고 투자한 주식의 주가 상승 여력이 큰지, 전망이 밝은지 판단해보시기 바랍니다.

주식투자를 예술의 경지에 올려놓았다고 추앙받는 앙드레 코스톨라니(André Kostolany)는 "어디서든 화약 냄새가 나면 투자자들은 주식에 투자하려고 하지 않는다"라고 말했습니다. 실제로

코스톨라니가 활동하던 시대엔 주식 매도세가 두드러지고 가치가 거의 고정된 금과 같은 안전자산에 자본이 몰렸습니다.

하지만 소액투자자조차도 차트와 재무제표 분석 능력을 갖추고 전통적인 시장의 패턴을 거꾸로 이용하는 요즘은 전쟁이 주가 하락, 시장 위축으로 이어지지는 않고 있습니다. 참으로 역설적이고 안타까운 일이지만 전쟁으로 인해 주가가 오르고 혜택을 보는 투자자분들도 있으니까요. 월가의 대표적인 '큰손' 켄 피셔(Ken Fisher)는 "안개가 걷히고 주가가 치솟기 전에 주식을 사라(Buy before the clearing haze sends stocks soaring)"라고 했습니다.

우크라이나 전쟁의 광풍이 우리 주식시장까지 흔든 지금, 투자자분들의 매매에 대한 고민이 깊어지고 있습니다. 주식을 비롯한 자산 가격이 바닥이긴 하지만 이후 주가의 향방은 여러 변수가 있습니

다. 최근 20년간과 향후 거시경제의 여건이 다르기 때문인데요. 무엇보다 지금은 유동성 확대와 같은 인위적인 경기 부양이 어려운 상황입니다. 2003년 이라크 전쟁이나 2014년 러시아의 크림반도 병합 후에는 연준이 경기 부양을 위해 금리를 낮추니 투자 자금이 시장에 들어오면서 주가 상승으로 이어진 바 있습니다.

그러나 지금은 주요 국가들이 코로나 극복을 위해 풀어놓은 유동성으로 인해 역사적인 인플레이션이 발생했습니다. 이를 방치하면 물가는 높고 경기는 침체하는 스태그플레이션이 발생할 수 있습니다. 그래서 연준을 비롯한 주요국 중앙은행들이 돈을 풀기가 어렵습니다. 러시아의 가스관 차단, 산유국들의 소극적인 원유 증산, 우크라이나 밀 생산량 감소 등 원자재 공급 차질로 이미 물가가 높아졌는데요. 여기서 돈이 풀리면 물가가 더 뛰게 돼 있습니다. 경기를 띄우려다 기업들의 부담 증가, 투자 축소에서부터 시작되는 도미노 효과가 일어날 겁니다.

그래서 연준은 물가가 안정적인 수준으로 회복될 때까지 기준금리를 0.5%포인트씩 계속 올리겠다고 공언하고 있습니다. 제롬 파월 (Jerome Powell) 연준 의장이 직접 "연준의 관심은 궁극적으로 실물 경제에 있다"라고 밝혔죠. 금융시장에 미치는 충격파가 크더라도 물가를 잡아야 경제가 최악의 상태에 빠지지는 않는다는 합의가 연준의 기조인 것 같습니다.

전쟁의 여파와 연준의 빅 스텝이 계속 이어지면 당장은 주가가 치고 나가기 어려울 것입니다. 그러나 최근의 한국 증시는 미국보다도 시장의 기대감을 선반영하는 경향이 있습니다. 그래서 원자재 가격이 평년 수준으로 돌아가면 분위기가 바뀔 수 있습니다. 다른 국가 증시에 비해서 우리 증시가 많이 떨어진 만큼 외국인의 매수세가 커지면서 우리 증시에 훈풍이 불 수 있습니다. 저는 이 모든 과정이 생각보다 빨리 이뤄질 가능성에 주목하고 있습니다.

지금과 같은 시기에는 어떤 종목이 유망할까요?

투자자들이 주식 종목을 고르실 때 특히 주시할 부분은 현금창출력입니다. 워런 버핏이 이끄는 버크셔 해서웨이(Berkshire Hathaway)가 이제는 한물갔다고 무시 받던 HP(Hewlett Packard) 지분 11%를 인수했을 때 많은 사람이 의아해했습니다. 하지만 역시 현인의 통찰력은 달랐습니다. 버크셔해서웨이의 지분 인수 소식이 알려지면서 HP의 주가가 급등했습니다. 이들은 HP의 높은 현금창출력을 보고 투자했습니다. 고금리, 인플레이션의 시대에는 현금이 최고의 자산이 될 수 있기 때문이죠. 투자자분들도 국내외 환경이 어떻든 현금창출력이 좋은 기업들을 잘 찾아보시길 권해 드립니다.

관련해서 볼 수 있는 다른 지표로 '잉여현금흐름'이 있습니다. 잉여현금흐름이란 기업이 벌어들인 돈에서 설비투자액, 영업비용 등을 뺀 나머지 현금을 가리킵니다. 주로 가격 전가가 가능한 기업들의 잉여현금흐름이 좋습니다. 이를테면 시장 안에 강력한 경쟁자(대체자)가 없거나 제품 품질이 고품질이고 브랜드 충성도가 탄탄한 경우가 이에 해당합니다. 전자는 코카콜라, 후자는 최근의 기아차를 생각하시면 될 것 같습니다.

또 유럽의 LNG 수입증가에 따라 수혜가 예상되는 조선주도 눈여겨볼 만합니다. 러시아의 우크라이나 침공으로 EU는 2027년까지 러시아산 천연가스 수입을 완전히 중단한다고 발표했습니다. 유럽은 러시아산 천연가스 의존도가 41.1%로 매우 높은 편입니다. 따라서 러시아로부터 천연가스 수입을 줄인다면 대체재가 필요합니다. 바로 LNG가 그 대체재입니다. LNG는 천연가스를 영하 162도로 냉각시킨 액화천연가스인데요. 기체상태의 천연가스에 비해 그 부피가 1/600로 줄어들기 때문에 운송에 용이하다는 장점이 있습니다. 미국은 러시아와 더불어 세계 최대 천연가스 생산국가입니다. 러시아로부터의 천연가스 수입을 줄이기로 한 유럽은 미국에 SOS를 쳤고 미국은 LNG 수출량의 많은 부분을 유럽에 집중시켰습니다. 미국만이 아닙니다. 나이지리아, 카타르 등 주요 천연가스 생산국에서도 유럽으로의 LNG 공급을 추진하고 있습니다.

전쟁으로 인한 유럽의 러시아 제재, 이로 인한 LNG 수요 증가는 국내 조선업종에 큰 호재입니다. 한국은 앞서 설명해 드린 대로 LNG운반선 시장 점유율 1위 국가입니다. LNG운반선에 대한 수요 증가는 장기간 이어질 가능성이 큽니다. 2022년 상반기 내내 이어진 약세장에서도 현대중공업을 중심으로 한 조선주와 조선기자재 관련주의 주가는 상대적으로 견조했던 이유입니다.

조선주의 약진은 글로벌 악재 가운데서도 오를 주식은 오른다는 교훈을 일깨워 줍니다. 악재를 기회로 삼을 수 있는 투자 대상은 없을런지, 한 번 둘러보시고 나의 투자 안정성이 흔들리지 않을 만큼 분산투자 전략을 현명하게 적용해보시기 바랍니다. 장기간 지속하고 있는 하락장에서도 승자가 될 수 있을 것입니다.

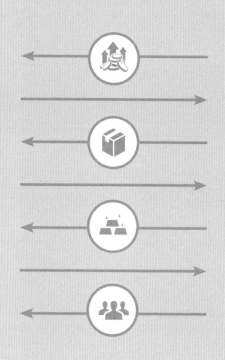

박병창

1996년 일은증권을 시작으로 대우증권 STX남산타워 지점장, 교보증권 여의도, 광화문지점장을 거쳤다. 현재는 교보증권 영업부 부장으로 재직 중이다. 시스템 트레이딩인 MP+와 지능형 HTS를 개발한 바 있고, 일반 투자자 및 금융회사 직원 대상으로 투자 기법을 교육했다. 한국경제TV, 유튜브 <삼프로TV> 등 다양한 방송 활동을 진행하고 있다. 저서로는 『매매의 기술』, 『주식 투자 기본도 모르고 할 뻔했다』 등이 있다.

Q 장기 투자자들이 조심해야 할 점이
있을까요?

A 투자자들이 흔히 하는 가장 큰 실수는 스스
로 고르지 않는다는 겁니다. 그냥 누군가 좋
다고 얘기를 하면 사는 겁니다. 이런 방식은
소위 '복불복'의 결과를 가져올 겁니다.

03

최적의 주식 매매 타이밍

박병창

기본적으로 주식투자는 기업의 이익 및 성장 가치를 두고 판단하지 않습니까? 기업의 본질 가치 대비 저평가되었을 때 사고, 주가가 적정가치에 이르면 팔아야 한다고 합니다. 적정가치에 비해 지나치게 고평가되었다, 즉, 오버슈팅이라고 생각되면 당연히 차익 매도를 해야 하고요. 그런데 실제 주식시장 내부에서의 주가 흐름은 밖에서 사뭇 다른 메커니즘으로 움직이는 경우가 아주 많습니다. 대표적인 게 수급의 메커니즘입니다. 좋은 기업임에도 불구하고 매도가계속 나와서 주가가 낮아지기도 하잖아요. 좋은 기업과 좋은 주식은 다르다고 하지요.

삼성전자를 예로 들면 쉽게 이해될 겁니다. 삼성전자는 우량기업이지만 외국인이 계속 매도하면 하락할 수밖에 없습니다. 이런 경우에 투자자들은 삼성전자를 사야 하나 팔아야 하나 고민할 겁니다. 기업을 보면 사야 할 것 같고, 시황과 수급을 보면 매도해야 할 것 같기도 하죠. 이럴 때 투자자들은 항상 매매의 기본 원칙을 가지고 있어야 합니다.

언제 주식을 사야 할까요? 당연히 주가가 적정가치보다도 더 쌀 때 사야 하는 겁니다. 그런데 통상적으로 주가가 적정가치 대비 낮은 경우는 시장이 위험을 안고 있거나 전반적으로 좋지 않은 시황일 때입니다. 그러한 상황에서는 아무리 가치투자자라 하더라도 심리적으로 흔들리기 마련입니다. 그래서 늘 공포로 인해 바닥에서 팔게 되는 것이지요. 본래 '주식은 공포에 사라'고 합니다. 그런데 보통의 투자자들이 이를 실천하는 건 쉽지 않은 일입니다. 그래서 주식투자에 있어서 철저한 원칙을 가지고 있어야 하며, 심리를 배제하고서 그 원칙을 지켜내는 것이 중요한 겁니다.

주가는 계속 낮아지는데 소위 '물타기'를 한다며 무작정 주식을 사들이는 이들도 많습니다. 그런데 그 주식이 언제 바닥을 찍고 올라갈지는 아무도 모르는 것이며, 특별히 해당 기업의 주가가 하락하는 다른 요인이 존재할 수도 있습니다. 따라서 주가가 많이 낮아졌다는 이유만으로 주식을 추가로 매입하는 것은 분명 아니라고 생각합니다. 투자자들의 집합인 '군중'이 주가가 하락을 마치고 충분히 저평가되었다고 판단하거나, 주식시장에 돈이 들어와서 매수세에 의해 주가가 반등하는 시점에 주식을 사야 합니다.

그 타이밍을 잘 보여주는 것이 바로 차트입니다. 투자자들이 매수하면 거래량이 증가하며 양봉*을 만들기 시작합니다. 바로 이럴 때 주식을 사라는 것이죠. 나 혼자 좋은 기업이라고 주

> **Tip 양봉**
>
> 주가 변동을 막대 그래프로 나타낸 봉차트에서 시가에 비해 종가가 높게 형성된 것을 나타낸 봉. 양봉은 시가보다 주가가 올라가 있는 상태이며 음봉은 시가보다 주가가 내려가 있는 경우를 가리킨다.
>
> 출처: 두산백과 두피디아

장하며 투자하는 것이 아니라, 투자자들의 집합인 '군중'이 그 주식에 관심을 두기 시작할 때 우리도 동참해야 합니다. 흔히 '무릎에서 사서 어깨에 팔아라'라고 합니다. 이 말을 실행하기 위해서는 차트를 볼 줄 알아야 합니다. '헤드 앤 숄더' 패턴이 가장 전형적으로 무릎과 어깨를 보여주죠.

주식의 잘못된 매도 행위는 공포심리를 이기지 못할 때, 기업에 대해 이해력이 부족할 때, 주가 움직임을 이해하지 못할 때 나타납니다. 투자가가 이런 시점을 잘 극복해야 하는데 이게 말처럼 쉽지 않

죠. 기관이 로스컷(손절)하고 개인들의 반대매매로 인한 투매가 발생하고 나면 주가가 터닝하는 시점이 생기는 이유는 매물 소화 후 매수세의 진입이 시작되기 때문입니다. 이 시점이 언제일지 유심히 지켜봐야 합니다. 이런 시점을 기다렸다가 우리가 주식을 사야겠죠.

장기적 관점에서 주식을 팔아야 하는 시점은 모두가 열광하는 시점입니다. 예를 들어 2021년 1월 11일 우리 코스피가 고점을 찍고 변동성을 키웠습니다. 그날 하루 거래대금이 42조 원이었습니다. 이때 삼성전자의 주가도 최고점을 찍었습니다. 삼성전자의 거래량이 폭증하며 시장 거래대금이 급증했다는 것은 그만큼 투자자들이 열광했기 때문입니다. 그 이후 주가는 하락하기 시작했습니다. 노련한 투자자들이나 전문가들은 그때 팔고 나왔습니다. 이처럼 군중의 심리와는 반대로 자신만의 원칙으로 투자하는 사람이 고수입니다. 군중심리가 한 방향으로 내달리다가 극한에 달해 터닝하는 포인트를 잘 포착하는 것이 중요합니다.

모두가 열광할 때는 무조건 주식을 사고 싶겠지요. 너도나도 할 것 없이 주식시장에 끼어들기 시작하고 거래대금이 폭주하게 됩니다. 이로 인해 하루 42조 원이라는 거래대금의 역사를 쓴 겁니다. 그런데 이와 반대의 경우는 어떻습니까? 공포심리에 의해 모두가 주식을 던지는 상황에도 거래량과 거래대금이 폭주합니다. 그래서 항상 거래량과 거래대금이 폭주하는 날, 터닝 포인트가 되며 최적의 매매 타이밍이 되는 것입니다.

개별 기업의 주가 역시 마찬가지입니다. 지속하여 상승하던 주식이 어느 날 거래량이 폭증하며 가격 변동성을 키우면 상투에 가깝고 지속하여 하락하던 주식이 어느 날 거래량이 급증하며 등락하면 바닥에 가까워진 것이죠. 투자자들의 심리가 매매에 작용하기 때문입니다.

쉽게 말해볼까요. 제가 어떤 주식을 가지고 있습니다. 그런데 그 주식이 갑자기 두 배가 올랐다고 치겠습니다. 그때부터는 언제 팔아야 할지 고민합니다. 투자자들은 손실이 난 마이너스 10%상태보다 100% 수익의 상태에서 더 불안해합니다. 수익을 내고서도 더 실현할 수 있는 이익을 날려버릴까 더 두려워한다는 겁니다. 손실을 본 투자자는 체념의 심리와 미래의 상승 기대심리를 지니고 있습니다. 그러나 주가가 크게 상승한 이후에는 언제든지 급락할 수 있는 상황에 대해 걱정을 하기 마련입니다. 그래서 주가가 내려가나 오르나 늘 걱정인 겁니다.

주가가 크게 상승한 어떤 주식이 하루 평균 거래량이 10만 주 정도였는데 어느 날 100만 주가 거래됐다고 가정해봅시다. 이는 투자자들이 많이 사기도 했지만, 반대로 팔겠다는 사람들도 많았다는 거죠. 그러면 파는 사람들은 그 이유가 있지 않겠습니까? 대체로 이런 날 파는 사람들은 원칙이 있거나 전문가일 가능성이 있다고 봐야 합니다. 거래량이 크게 증가하며 주가 변동성이 커지는 것을 '황소와 곰의 싸움'이라고 표현합니다. 주가가 올라갈 때는 황소가 굉장히 세고 계속 싸워서 이기니까 올라가는 겁니다. 그런데 어느 날 대량 거래가 발생했다는 것은 강한 황소의 힘과 겨룰 만한 강한 곰이 나타난 겁니다. 강력한 곰이 등장하면 가격은 터닝하기 시작합니다. 이런 상황은 흔히 볼 수 있습니다. 2021년 1월 11일에 삼성전자는 물론 무조건 쌀 때 사두면 두세 배가 될 거라는 믿음을 주던 종목들조차 대량 거래가 실리면서 하락한 날은 고점이었습니다. 그리고 긴 기간 동안 하락장이 이어졌습니다.

매매 기술을 이야기할 때 저는 거래량과 봉을 이야기합니다. 하지만 실제로 투자자들과 대면 강의할 때는 저를 '차티스트'라고 부르지 말아 달라고 얘기합니다. 차트는 사람들의 심리가 투영된 것이며 저는 그 심리를 읽으려고 할 뿐입니다. 그렇게 말하는 이유는 투자자들이 차트에만 의존하면 안 되고, 사람들의 심리를 읽는 게 중요하다는 것을 강조하기 위함입니다. 사람들이 주식을 사고파는 심리를 주식 차트로 파악하는 겁니다. 모든 사람이 열광하면 고점이고, 사람들이 극한의 공포감을 느낄 때가 저점인 이유도 같은 이치인 겁니다. 그렇다고 해서 우리가 군중심리를 쉽게 읽어낼 수는 없습니다. 그래서 거래량과 거래대금으로 사람들의 심리를 유추해내는 겁니다.

차트 분석이 어렵다고 말하는 분들이 많지만, 따지고 보면 일반적으로 가치 분석이 더 어렵습니다. 왜냐면 가치 분석은 재무제표를 공부해야 하기 때문이죠. 기업 이익의 추정과 기업의 성장 스토리를 알아야 하기 때문입니다. 특히 가치 분석은 숫자를 보고 해석을 해야 하는데 미래의 가치를 평가하는 숫자가 굉장히 주관적일 땐 분석이 더욱 어렵습니다.

PER*(Price Earning Ratio, 주가수익비율)이나 PBR*(Price Book Value Ratio, 주가순자산비율)에 대한 해석이 시황에 따라 일관성도 없고 미래 이익에 대한 추정이므로 해석자에 따라 다르다는 겁니다.

반면에 차트는 그만큼

Tip **PER(Price Earning Ratio, 주가수익비율)**

PER은 주가가 그 회사 1주당 수익(EPS; Earnings Per Share)의 몇 배가 되는가를 나타내는 지표이다. 주가를 1주당 순이익으로 나눈 것이다. 어떤 기업의 주가가 10,000원이고 1주당 순수익이 1,000원이면, PER은 10이다. (10,000 ÷ 1,000 = 10)

출처: 위키백과

Tip **PBR(Price Book Value Ratio, 주가순자산비율)**

주가를 한 주당 순자산가치로 나눈 값이다.

출처: 위키백과

어렵진 않습니다. 제가 차트를 설명할 때는 양봉, 음봉, 거래량의 딱 3가지만 말씀드립니다. 아주 단순하지요? 만약 주가가 많이 하락한 상황에서 제가 삼성전자를 산다고 가정해보죠. 지금 매수하면 향후 수익이 20% 이상 기대된다고 치고요. 많은 전문가조차 애널리스트들의 분석만 믿고 그들이 좋다고 해서 그 말을 듣고 무조건 사지 말라고 합니다. 그러면 투자자들은 제게 묻지요. 그럼 삼성전자를 언제 사야 하냐고. 제 답변은 간단합니다. 거래량이 급증하면서 양봉을 만들기 시작하면 그때 매수해야 합니다. 곰이 힘이 약해지고 황소의 힘이 강해질 때 매수하라는 겁니다. 그 흐름에 올라타는 겁니다. 그 시점에서 이제부터 삼성전자가 상승할 거라는 군중심리가 매칭되면 주가는 달리기 시작합니다. 다시 정리해서 말씀드리지요. 우선 거래량의 급증이 있을 때, 다음으로 봉의 색깔을 봅니다. 시초가보다 종가가 높을 때 양봉이잖아요. 이건 매수자들이 높은 가격으로 가격을 올리면서 주식을 샀다는 거고, 이는 앞으로 주가가 더 오를 거라는 기대감이 있다는 겁니다. 이런 사람들의 힘이 모여 있을 때 여러분도 동참하는 겁니다. 그러니까 현재 거래량과 봉의 모양과 색상만 보면 사람들이 팔려고 하는지 사려고 하는지 충분히 알 수 있다는 겁니다.

제가 강의할 때 주로 시황이나 매매전략에 관한 얘기를 많이 합니다. 그리고 강의를 마치며 "지금 이 종목 때문에 정말 미치겠다는 분 손 드세요"라고 합니다. 일단 삼성전자의 차트를 화면에 띄워 준비합니다. 삼성전자는 우리나라 투자자 중 550만 명이 가지고 있으니까 당연히 참여한 대다수가 보유한 종목입니다. 차트를 함께 보며 "이 종목을 어떻게 해야 할 것 같습니까?"라고 묻습니다. 주가가 추세 상승할 때는 대부분 '매수', 추세 하락 구간에서는 '매도', 등락하며 움직일 때는 십중팔구는 "모르겠습니다"라고 합니다. 아이러니하지만 그분들의 대답이 '정답'입니다. 그리곤 그들이 질문한 주식의 차트를 보여주며 같은 방법으로 답변을 드립니다.

주가는 기업의 가치를 표현하는 것으로 장기적으로 그 가치와 연동합니다. 그래서 이익 증가가 예상되는 기업에 장기 투자하라고 말하는 겁니다. 그런데 '좋은 기업이 반드시 좋은 주식은 아니다'라는 말도 있습니다. 좋은 기업에 대해서는 우리가 익히 잘 알고 있습니다. 그런데 좋은 주식은 어떤 것이냐고 물으면, 우리는 무 자르듯 딱 잘라 얘기할 수 없습니다. 예를 들어 삼성전자는 좋은 기업인데 주가는 그렇지 않을 때가 있습니다. 그러면 삼성전자는 투자자에게 좋은 주식이 아닐 수 있습니다. 주식은 투자자에게 수익을 줘야 좋은 것이니까요.

좋은 기업의 주식이 투자자에게 좋은 주식이 되는 타이밍이 있는 것입니다. 우리 시장에 이런 주식이 많습니다. 예를 들어 어떤 종목의 시가총액이 2,500억입니다. 그런데 현금성 자산이 2,000억이 넘고 순이익이 300억을 상회합니다. 이것만 놓고 보면 굉장히 좋은 주식이 맞잖아요. 그런데 이 주식이 오르지 못합니다. 그래서 주식 보유현황을 유심히 살펴보니 기관, 연기금, 외국인까지 다양한 보유자들이 있었습니다. 이런 상황에도 불구하고 지금 주가가 낮다면 투자자들은 이를 매수해야 합니다. 왜냐면 이런 기업의 주식은 궁극적으로 투자자에게 좋은 주식으로 회귀하는 타이밍이 옵니다.

제가 자주 하는 이야기가 있습니다. 우리 시장에 외환위기가 찾아온 폭락의 시기에도 좋은 주식은 있었습니다. 그때 코스피 지수가 1,000포인트 정도 빠졌잖아요. 2008년에도 지수가 2,100포인트에서 890포인트로 떨어졌고요. 이때 모든 주가가 거의 반 토막 이상으로 하락합니다. 제아무리 좋은 주식들도 이럴 때는 속절없이 추락하고 맙니다. 실제로 주식투자를 하지 않고 말로만 하는 사람들은 이럴 때가 매수 타이밍이라고 합니다. 그들은 시장의 공포를 극복하고 사야 큰 수익이 난다고 합니다. 많은 전문가와 석학들도 그와 같이 말합니다. 그런데 실제 투자자들은 그러한 상황에서는 꼭 주식에 물려 있거나 충분한 돈이 없습니다. 심지어 그런 위기가 오면 자신이 가지고 있던 주식도 팔아야 할 판입니다. 경제위기는 주식시장뿐 아니라 우리의 모든 삶을 어렵게 하기 때문입니다. 개인투자자는 대부분 이런 위기를 버티지 못합니다. 그래서 우리는 항상 주머니 속에 돈이 들어 있을 순 없다는 사실을 염두에 두고 자산을 관리해야 합니다.

최근 우리 주식시장의 상황이 좋지 않던데요?

지금 코스피가 박스권을 왔다 갔다 합니다. 이런 상황에서도 많은 사람이 현재 주가가 많이 오른 상태라고 생각합니다. 이런 현상은 부동산의 예와 같은 겁니다. 누군가 예전에 아파트를 5억 원 주고 샀는데 단기간에 급등하며 15억 원이 됐다면 기분이 좋아집니다. 그런데 이 얘기를 들은 사람들은 "이건 부동산 시장이 비정상이야"라고 합니다. 이런 말은 보편적인 사람들의 상식 수준에서 나오는 겁니다. 주식도 이와 다르지 않습니다. 건전한 주식은 기업의 가치를 반영하면서 탄탄하게 장기적으로 우상향해야 합니다. 그런데 코로나19 팬데믹이라는 극한 상황에서 불과 1년 만에 코스피 지수가 130% 올랐었습니다. 코스피 지수가 1,439에서 3,300까지 올라간 겁니다. 과연 이런 상황이 우리의 상식에서 볼 때 정상적일까요?

2008년에는 글로벌 금융위기가 있었습니다. 그때 연준에서 2.5~3조 달러의 돈을 풀었습니다. 이번 팬데믹 상황에서는 5조 달러의 돈을 풀어 연준의 대차대조표가 무려 9조 달러에 육박합니다. 연준이 이렇게 돈을 풀어서 경기를 회복시키는 데는 일정 부분 성공했습니다. 그런데 문제는 전 세계적으로 어마어마하게 풀린 돈을

과연 부작용 없이 어떻게
회수할 수 있냐는 겁니다.
2008년 금융위기에 푼 돈은
2018~2019년에 일부 회수
를 했습니다. 그런데 이번에
푼 천문학적인 양의 돈이 회
수될 수 있을지에 대해서 많

소프트 랜딩(Soft Landing)

비행기나 우주선이 기체에 무리가 가지
않도록 부드럽게 착륙하는 기법을 말하
는 항공 우주 용어였다. 경제에서는 성
장세가 꺾일 때 급격한 둔화로 이어져
시장이 큰 충격을 받는 사태가 벌어지
지 않도록 하는 것을 말한다.

출처: 한경 경제용어사전

은 경제학자와 전문가가 우려하고 있습니다. 그 많은 돈을 소위 '회
수함'에 있어서, 어떻게 하면 '소프트랜딩*'을 할 수 있는가가 문제입
니다.

　　지금과 같은 불안한 장세에서 투자자들은 공격적으로 주식을 사
지 못합니다. 이런 이유에서 개인투자자들은 맨날 삼성전자, 하이닉
스, 현대차 같은 우량 종목만 매수합니다. 매크로 시황이 불안정한
상황에서 우리 주식시장이 상승할 여력이 없습니다. 시장에 추가적
인 모멘텀이 필요합니다. 2021년 만약 시장이 레블-업(Level-Up)되면
국내 애널리스트들은 코스피 지수가 3,500~4,000까지도 갈 거라고
한 바 있습니다. 그런데 그렇게 되려면 우리 시장에 여러 가지 필요
조건이 있습니다. 기업의 이익이 늘어야 하고, GDP 성장률도 올라가
야 합니다. 이를 두고 '경기 회복에서 확장으로 간다'라는 표현을 합
니다. 우리 시장에 이런 경기 확장의 시기가 온다면 얼마나 좋겠습

니까?

요즘 젊은 분들이 주식시장에 많이 들어옵니다. 이건 굉장히 바람직한 현상이라고 생각합니다. 일단 주식시장에 발을 들이면 경제 공부를 하게 됩니다. 경제 뉴스를 통해 세상의 흐름을 보는 눈이 생깁니다. 물론 주식 투자가 장점만 있는 게 아니라 미리 생각해야 할 위험 요소도 많습니다. 증권사에서 처음에 고객이 오면 '투자 성향 파악'이라는 걸 합니다. 주식투자는 초고위험에 해당합니다. 우리 주식시장에서는 하루 30%의 등락을 허용하고 있습니다. 그 등락의 최고치를 우리는 '상한가와 하한가'라고 합니다. 하루에 30%의 수익 또는 손실의 가능성이 있는 투자라는 것은 매우 위험한 투자입니다. 투자자 여러분들은 반드시 이런 위험을 미리 염두에 두고 여윳돈으로 투자해야 합니다.

우리가 주식투자를 시작할 때 '목표 주가'라는 것을 정합니다. 그런데 사실 목표 주가라는 것은 우리가 어떤 기간을 상정하고 봤을 때에만 존재하는 겁니다. 기업은 계속해서 성장하기 때문에 그 기간을 한정하기 힘듭니다. 따라서 우리에게 목표 주가라는 것은 의미가 없을 수도 있습니다. 예를 들어 전기차 같은 종목이 그렇습니다. 향후 전기차 시장이 10~20년 지속해서 성장할 수 있습니다. 그렇다면 이 종목은 애널리스트의 분석과는 상관없이 계속 주가가 오를 가능성이 있다고 할 수 있겠죠. 이런 종목을 꾸준히 저축하듯이 매입하는 방법이 장기투자입니다.

장기 투자자들이 조심해야 할 그런 점이 있을까요?

투자자들이 흔히 저지르는 가장 큰 실수는 스스로 투자 주식을 고르지 않는다는 겁니다. 그냥 누군가 좋다고 얘기를 하면 사는 겁니다. 이런 방식은 소위 복불복의 결과를 가져올 겁니다. 이렇게 투자한 분들은 수익이 나는 상황에서도 불안해합니다. 남의 얘기를 듣고 투자했으니 주가가 올라가도 왜 오르는지 모르기 때문입니다. 그러니 이분들은 당연히 그 주식을 언제 팔아야 할지도 모릅니다. 그리고 주가가 하락했을 때는 더 큰 문제입니다. 자신의 계좌에 손실이 나고 있는 상황에서 손절매해야 할지 아니면 추가 자금을 투입해서 매입 단가를 낮춰야 할지 판단이 서지 않는 겁니다. 만약 지인이 추천한 주식을 사서 손실이 났다고 가정해봅시다. 그 지인이 당신이 산 주식에 대해서 책임을 질까요? 이런 경우 지인은 책임지기는커녕 연락이 끊기는 경우가 많습니다. 그러니까 자신이 사는 주식은 스스로 알고 있어야 합니다. 주가가 하락했을 때는 그에 대응하는 방법도 알고 있어야 하고, 주가가 올랐을 때는 내가 공부해서 발굴한 기업이 잘되는 즐거움을 만끽할 수 있어야 합니다.

또 주식투자를 하고 나름 공부도 하지만 투자한 기업의 재무제표를 보지 않는 사람들도 적지 않습니다. 심지어 증권사에 다니는 사람 중에서도 그런 이가 있습니다. 이렇게 무책임한 태도로 주식투자를 하는 사람들은 성공하기 어렵습니다. 주식투자는 좋은 기업을 찾고 최적의 타이밍에 매수하여 장기 투자해야 합니다. 때론 시황이나 기업의 스토리 변화로 최적의 매도 타이밍을 판단할 수도 있어야 합니다. 단기적인 주가에 일희일비하지 않는 투자자가 되기 위해서는 자신이 선택하는 기업을 잘 알아야 한다는 것을 투자자분들께 당부드립니다.

박세익

1994년 경희대학교 경영학과를 졸업한 뒤 대우투자자문에 입사해 2년 반 동안 애널리스트로 활동하다가 미국 콜로라도 덴버대학교에서 재무학석사(MSF) 학위를 취득했다. 이후 신한BNP파리바자산운용 주식운용팀을 시작으로 KTB자산운용, 한화자산운용, 제일저축은행, 인피니티투자자문 등을 거쳤다. 11년간 최고투자책임자(CIO)로 근무했던 인피니티투자자문을 그만두고, 2021년 6월 체슬리 투자자문을 설립했다. 저서로는 『투자의 본질』, 『변화와 생존』 등이 있다.

Q '가장 비관적인 섹터의 주식에 투자하라'는 말이 개인 투자자한테는 그렇게 쉽게 들리지 않을 것 같은데요?

A '본인은 투자 전문가니까 오를 주식이 보이겠지?', '다들 피하는 주식에 50%나 투자하라니, 너무 위험한 거 아냐?' 이런 말을 하고 싶은 투자자가 있을 겁니다. 사실 저는 투자를 할 때 '스마트머니'가 들어오는지 점검합니다. 스마트머니란 한마디로 똑똑하고 경륜 있는 '큰손'들의 자금이죠. 호재가 없고 매력이 없는 주식이라도 슈퍼 개미나 기관들이 매수한다면 우리가 눈여겨볼 필요가 있습니다.

04

목표 수익을 달성하는 방법

박세익

투자 자문을 오랫동안 하면서 수많은 투자자를 만났는데요. '주식투자로 돈 벌기 어렵다', '저점에 사라는데 저점이 도대체 어디냐?'와 같은 얘기를 많이 듣습니다. 사실 성공적인 주식투자의 기본원칙은 정말 간단합니다. 좋은 주식을 주가가 쌀 때 사는 것입니다. 이렇게 말하면 제 귀에 '그걸 누가 모르냐고!'라는 아우성이 들리는 것 같은데요. 여기서 좋은 주식이란 압도적인 시장 경쟁력을 가진, 또는 강력한 경제적 해자를 가진 기업을 뜻합니다. 그리고, 이런 주식을 싸게 살 기회는 대중들이 두려워하는 코로나19 바이러스와 같은 '외생변수에 의한 시장 리스크가 주식시장을 공포로 몰고 갈 때'입니다. 1998년 외환위기, 2001년 911테러, 2008년 금융위기, 2011년

8월 미국 신용등급 강등 사태, 2020년 3월 코로나19 팬데믹 등 대중을 공포로 몰고 갔던 시기가 모두 '좋은 주식을 싸게 살 수 있었던 기회'였습니다.

그리고 주식투자로 돈을 벌기 위해서는 재무제표를 비롯한 객관적 지표 확인도 중요하지만, 가끔 우리 주변 일상생활에 대한 관찰을 통해 향후 3개월에서 6개월 뒤에 발표될 기업 실적에 대해 추론을 할 필요가 있습니다. 단, 실현 가능성이 큰 합리적 추론을 해야 합니다. 이를테면 저는 팬데믹 기간 동안 영국의 프리미어리그나 미국의 메이저리그 경기를 볼 때 TV 화면 속 관중의 수에 주목합니다. 2020년만 해도 코로나19 확진자 폭증, 사회적 거리두기로 인해 무관중 경기가 치러졌었죠. 그러나 코로나로 인한 제한 조치들이 조금씩 완화되면서 경기장에 관중들이 의미 있게 늘어나게 됐죠. 이런 광경을 통해 미국, 영국과 같은 선진국의 소비 심리가 활성화되고 있음을 확인할 수 있었고, 그와 함께 '앞으로 여행, 백화점, 항공, 화장품 섹터의 턴어라운드가 본격화되면서 이런 기업들의 향후 실적이 빠른 속도로 개선될 수 있겠구나'라는 합리적 추론을 할 수 있습니다.

바이오 섹터는 이번 코로나 사태로 인한 백신이나 치료제 개발이 빨랐던 회사에 국한된 주가 상승이 있었지만, 저는 좀 더 장기적 관점에서 바이오 산업이 이번 코로나 사태로 인해 획기적인 기술적

변혁을 시작했다고 생각합니다. 코로나 사태 동안 바이오 스타트업 중 하나에 불과했던 모더나가 mRNA 백신*을 글로벌 시장에 선보이고 주요 백신으로 채택되는 경쟁력을 보여주면서 2020년 이후 주가가 614%

Tip **mRNA백신**

mRNA백신은 바이러스 단백질을 체내에 직접 주입하는 기존의 백신과 달리 신체 면역 반응을 유도하는 단백질 또는 단백질 생성 방법을 세포에 학습시킨다. 새로운 방식의 백신인 만큼 접종 후 형성된 항체의 지속 기간 등이 아직 명확하지 않은 한계가 있다.

출처: 위키백과

상승을 기록했습니다. 물론 코로나 백신으로 인한 특수효과는 오래 가지 못할 것으로 생각합니다. 하지만, 이번 코로나 사태를 계기로 mRNA 기술이 본격적으로 활용되기 시작하면서 다른 감염병 예방·치료 목적의 신약 연구개발에도 큰 변화가 시작되었다는 점은 투자자들이 염두에 두어야 할 부분입니다.

싸고 성장 가능성이 있는 주식을 찾을 때 역발상으로 '망한 업종의 일등 주식을 사라'라고 합니다. 무슨 말일까요? 저희 회사 앞에 원래는 식당이 다섯 군데 있었는데 코로나에 따른 거리두기와 재택근무로 손님들이 끊기니 장사하기가 어려워져서 두 곳이 문을 닫았습니다. 그전엔 한 달에 1억 원 정도 발생하는 매출을 다섯 군데가 비슷하게 가져갔다고 가정해봅시다. 그럼 각각의 수입이 2,000만 원 정도겠죠? 그런데 경쟁자가 두 개나 줄어들었으니 경기가 되살아나게 되면 세 식당의 매출은 각 2,000만 원 정도에서 3,300만 원으로 늘어나게 될 것입니다. 이를 매출성장률이란 개념으로 계산하면 약 67%씩 매출이 향상된 수치입니다. 이런 식으로 혹독한 구조조정을 거치게 되면 업황이 단순히 정상화만 되어도 살아남은 기업들의 주가가 급등하는 이유입니다.

이런 원리로 해운 섹터의 예를 들어볼까요? 본래 해운업계에는 역사와 전통의 투톱인 한진해운과 현대상선이 있었죠. 그런데 한진해운이 2016년 법정관리에 들어가고 결국 문을 닫으면서 현대상선의 주가가 껑충 뛰었습니다. 세계적인 해운사인 한진해운이 문을 닫으며 생긴 시장에서의 부작용도 있었던 반면, 더 이상 한진해운과 물동량을 분담하지 않게 되면서 현대상선이 반사이익을 본 것입니다. 이후 현대상선에서 HMM으로 사명을 바꾼 최근에도 SCFI®(상하이컨테이너운임지수)를 비롯한 운임 지수가 급등하는 등 업황이 순조로우면서 주가가 15배나 올랐습니다. 이 수치는 한진해운이 건재하여 경쟁이 치열했다면 어려웠을 결

SCFI(상하이 컨테이너 운임지수)

상하이 컨테이너 운임지수는 상하이거래소(Shanghai Shipping Exchange)에서 2005년부터 상하이 수출 컨테이너 운송시장의 15개 항로의 스폿 운임(Spot Tariff)을 반영한 지수이다.
※ 스폿 운임(Spot Tariff) : 해운 시황의 수급 상황에 따라 계약이 성사될 때의 운임을 말한다.

출처: 위키백과

과입니다.

이처럼 혹독한 구조조정으로 남들은 그 업종이 다 망했다고 생각하고 그 업종의 대표기업들이 대부분 '아주 싼 가치 영역'에 들어갔을 때 투자의 고수들은 '절대 망하지 않을 업종 대표주'를 매수 합니다. 이렇게 업황 사이클에 부진할 때 싸게 거래되는 핵심 우량기업에 대한 투자를 주저하지 않은 분들이 나중에 보면 큰 성공을 거둡니다. 강방천 회장님만 보더라도 1998년 외환위기 때 국내 은행과 증권사들이 대거 무너지는 상황에서 과감하게 증권주를 매입하여 큰 이익을 거두셨습니다. 이 일로 강 회장님은 자산운용사를 설립할 투자금도 확보할 수 있었죠. "나는 세상에서 가장 비관적인 시장을 찾아 싸게 거래되는 우량주식에 투자한다."라는 존 템플턴(John Templeton)의의 투자철학을 그대로 실천한 투자사례라고 볼 수 있습니다. 만약 투자자들이 이를 본받아 투자한다면 보유 자금의 50% 내에서는 공포 속에 휩싸인 주식시장이나 섹터의 대표기업 주식을 매수하길 권장합니다.

'가장 비관적인 섹터의 주식에 투자하라'는 말이 개인 투자자 한테는 그렇게 쉽게 들리지 않을 것 같은데요?

'본인은 투자 전문가니까 오를 주식이 보이겠지?', '다들 피하는 주식에 50%나 투자하라니, 너무 위험한 거 아냐?' 이런 말을 하고 싶은 투자자가 있을 겁니다. 사실 저는 투자를 할 때 '스마트머니•'가 들어오는지 점검합니다. 스마트머니란 한마디로 똑똑하

Tip 스마트머니

시장의 기류 변화를 가장 먼저 파악하고 반응하는 투자기관이나 속칭 큰손으로 불리는 개인투자자들의 투자자금을 뜻하는 말로, 미국 뉴욕의 월가(Wall Street)에서 생겨난 말이다.

출처: 두산백과 두피디아

고 경륜 있는 '큰손'들의 자금이죠. 호재가 없고 매력이 없는 주식이라도 슈퍼 개미나 기관들이 매수한다면 우리가 눈여겨볼 필요가 있습니다.

왜 그래야 하는지 사례들을 살펴보겠습니다. 1997년 말부터 1998년까지 외국인들의 매도세가 이어졌습니다. 하지만 그 와중에도 삼성전자의 외국인 지분율은 20%에서 40%로 상승했습니다. 외국인들은 다른 우량주들도 역습하듯이 쓸어 갔습니다. 결국 그렇게 공포에 주식을 파는 소심한 투자자에게서 우직한 장기적 투자자에게로 우량주의 손바뀜이 일어나면서 '부의 이동'이 이뤄졌습니다. 2008년 금융위기 때도 외국인은 삼성전자 지분율을 40%에서 50%까지 추가 매수하였습니다.

2020년 코로나19가 전 세계 사회와 경제를 초토화하면서 우리

시장의 주가는 또 폭락했습니다. 그런데 이번에는 전례 없던 현상이 나타납니다. 바로 동학 개미들이 70조 원이 넘는 외국인들의 투매 물량을 모두 받아낸 특이한 사건이죠. 개인적으로 저는 '동학 개미 운동'은 '너무 고민하고 머리를 굴리면 오히려 돈을 벌지 못한다'라는 교훈을 우리에게 남긴 사건이라고 생각합니다. 어쩌면 그냥 '이 바이러스 사태도 결국 다 지나가리라'라는 믿음만 갖고 헐값에 거래되고 있는 우량기업의 주식을 용기 있게 사기만 하면 되는 거였죠. 당시 미국에서는 경기가 'L자 곡선'을 그릴 거라는 예상이 지배적이었고 워런 버핏조차 델타항공이나 웰스파고 같은 종목들을 바닥에서 매도했습니다. 또 수출에 대한 의존도가 높은 한국 경제는 무역이 위축되면 매우 어려워질 거라 예상한 외국인 투자자들이 국내 우량 대기업 주식을 마구마구 매도하였습니다.

이런 절체절명(絶體絶命)의 순간에 우리의 동학 개미들은 의도했든 하지 않았든 "세상의 걱정을 무시할 수 있는지에 당신의 성공과 실패가 달려 있다"라는 말을 한 피터 린치에게 '빙의'가 됐던 것 같습니다. 1998년 외환위기 때 외국인 투자자들이 그러했듯이 동학 개미들은 삼성전자를 비롯해 많은 국내외 우량주를 매수했습니다. 이후 주식시장은 1년도 안 되어 3,000 포인트를 넘어가는 초강세장이 연출되면서 동학 개미들의 수익과 환희로 이어졌습니다. 반면에 같은 시기 코로나19에 대한 너무 진지한 공부를 한 투자자들은 2차 팬데믹을 우려해 '인버스'나 '곱버스' 상품에 투자하면서 큰 낭패를 봐야만 했습니다.

2022년 우리 시장은 우크라이나 전쟁과 금리 인상으로 출렁거리고 있습니다. 삼성전자의 주가는 6만 원 선마저 뚫려서 '5만전자'의 악몽이 시작되었을 지경입니다. 이 국면에서 우리는 장차 치고 나갈 종목이 무엇인지, 저평가받고 외면받았으나 미래를 기대할 종목이 무엇인지 옥석을 가려내야 합니다.

주식투자자에게는 "비관적인 시장에서 우량 기업을 싸게 사라"는 말이 정말 어려울 수 있습니다. 그런 용기가 필요할 때마다 저는 앙드레 코스톨라니의 얘기를 떠올립니다. 그는 어떻게 부자가 되느냐는 물음에 "우량주를 산 다음 수면제를 먹고 몇 년 있다 깨어나라"라고 했습니다. 저도 존 템플턴처럼 대중들이 두려워할 때 주식 사는 것을 좋아합니다. 그때마다 2~3년 뒤에도 지금의 두려운 상황이 지속할 것인가 생각해 봅니다. 그리고, 지금의 이 악재가 2~3년 뒤에는 없어질 이슈라면 용감하게 -30~-50%가량 하락한 우량주의 주식을 매집하기 시작합니다. 이때 내가 투자하는 기업의 '경쟁 구도가 3년 뒤에도 바뀌지 않는다'는 확신만 있으면 2~3년 들고 갈 마음을 먹고 바겐헌팅*을 시작합니다. 물론 수면제는 먹지 않습니다. 싼 가격에 주식을 사면 수면제 없이도 숙면할 수 있으니까요.

아래 차트는 2022년 4월
까지 S&P500의 등락을 나
타낸 것입니다. 박스로 표시
한 봉의 모양처럼 지금까지
주식시장엔 큰 급락이 한두

바겐헌팅

일종의 저가매수 전략. 기업가치와 주
가 간의 격차가 큰 주식을 찾아 사들이
는 고수익·고위험 투자전략을 말한다.

출처: 매일경제

번이 아니었습니다. 하지만 떨어진 만큼을 상쇄하거나 더 큰 반등이
언제나 있었고, 결국 주식시장은 끊임없는 주가 상승으로 투자자 분
들에게 보답해왔습니다. 주가가 한없이 낮아질 것 같은 시간도 끝은
있고, 언젠가는 역전의 순간이 다가오고야 만다는 점을 잘 보여주는
자료입니다.

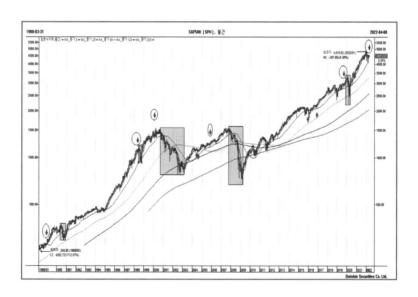

단, 투자자들이 주의해야 할 점은 무리한 레버리지 투자를 피하시고(특히 3배짜리 ETF는 절대 금물!), 시장이 지나치게 뜨거워진 과열권에서는 투자금의 30% 이상은 현금으로 준비하는 전략을 세워야 합니다.

피터 린치는 시장에서 소외된 기업의 이익 성장 모멘텀을 중요시하였는데요. 그는 이런 투자의 원칙을 은퇴할 때까지 지켰습니다. 그는 투자할 주식 종목을 선정할 때 쇼핑을 자주하는 부인과 아이들에게서 아이디어를 얻었다고 합니다. 하루는 그와 아내가 마트에서 쇼핑하다가 품질이 좋아 보이는 팬티스타킹을 발견했습니다. 당시 미국에서 고급 팬티스타킹은 백화점에서만 팔았다고 하는데요. 피터 린치는 '제품의 품질도 좋고 기존 틀에 매이지 않는 기업이라면 훨씬 더 성장할 것이다'라는 생각이 들어 감각적으로 그 회사의 주식을 매수했습니다. 그런데 정말로 그 회사의 주가가 6배 이상 상승해 큰 수익을 남겼다고 합니다.

피터 린치의 일화는 오를 주식을 찾는 일에 정교한 분석도 필요하지만, 우리 일상에서 발견하는 방법도 있음을 보여줍니다. 저도 비슷한 경험을 했는데요. 사드 배치와 한한령이 있기 전까지 정말 많은 중국인 관광객이 우리나라를 방문했습니다. 2016년엔 한국을 방문한 중국인 관광객의 수가 800만 명을 넘었습니다. 그때 면세점 현장

조사를 해보니 면세점에서 가장 인기 있는 품목이 화장품이었습니다. 저는 그때 당시 중국 관광객에게 큰 인기를 끌었던 마스크팩 제조사의 주식을 1만 7000원에 매입했더니 주가가 6개월도 안 되어 12만 원까지 수직상승을 했습니다. 비슷한 예로, 2011~2013년 삼성의 핸드폰 갤럭시 시리즈가 히트하면서 전 세계 스마트폰 시장 1등을 차지할 때는 삼성 핸드폰에 납품하는 카메라 모듈(Module) 회사를 투자하여 큰 수익을 보았습니다.

이렇게 소비 패턴의 변화로부터 투자종목을 찾아가는 방식이 애널리스트보다 오히려 시장 트렌드를 빨리 캐치할 수 있고 저평가된 주식을 발견하는 방법이 될 수 있습니다.

박세익

1994년 경희대학교 경영학과를 졸업한 뒤 대우투자자문에 입사해 2년 반 동안 애널리스트로 활동하다가 미국 콜로라도 덴버대학교에서 재무학석사(MSF) 학위를 취득했다. 이후 신한BNP파리바자산운용 주식운용팀을 시작으로 KTB자산운용, 한화자산운용, 제일저축은행, 인피니티투자자문 등을 거쳤다. 11년간 최고투자책임자(CIO)로 근무했던 인피니티투자자문을 그만두고, 2021년 6월 체슬리 투자자문을 설립했다. 저서로는 『투자의 본질』, 『변화와 생존』 등이 있다.

Q 장기 투자자들이 조심해야 할 점이 있을까요?

A 피터 린치는 투자하는 주식을 여섯 가지로 분류했습니다. 고성장주, 저성장주, 자산주, 턴어라운드주 등으로 구분하였습니다. 그는 고성장주와 턴어라운드주에 투자금의 60% 이상을 집중하는 스타일이었습니다. 아울러 사이클을 타는 주식은 철저하게 바닥에서 사서 위로 날아갈 때 팔고, 혁신 가능성을 갖춘 성장주는 성장이 무르익을 때까지 꽉 붙들고 있는 바이 앤 홀드(Buy & Hold) 전략을 취했습니다.

05

경제의 사이클에 올라타라

박세익

요즘 사람들이 반려견을 많이 키우죠. 저는 사실 '개가 성격도 그렇고 다 거기서 거기지'라고 생각했었습니다. 그러다 <개는 훌륭하다>라는 프로그램을 보고 느낀 점이 많았습니다. 그중에서도 얘기하고 싶은 교훈은 "개는 저마다 습성이 다르고 다루는 방법도 달라야 한다"라고 얘기한 '개통령' 강형욱씨의 말입니다. 예를 들어 '모든 대형견은 공격성이 강하다'라는 통념이 있지만, 래브라도 리트리버를 비롯한 일부 품종은 안내견으로 훈련받을 만큼 온순하고 다정한 개라는 이야기였습니다.

제가 대뜸 개 이야기를 왜 했는지 아시겠습니까? 주식도 그 기업이 영위하는 비즈니스의 성격에 따라 주가 변동성이 다르기 때문입니다. 따라서, 내가 투자 비중이나 기간을 정할 때 종목에 따라 다르게 접근해야 합니다. 내가 투자하는 기업의 비즈니스 특성을 무시하고 모든 종목에 획일적인 방법으로 투자하는 것은 모든 개를 똑같은 방식으로 키우는 것만큼이나 위험하기 때문입니다.

주식에도 고성장주, 저성장주, 자산주, 고배당주 등 다양한 타입이 존재합니다. 그중 '국민 주식'인 삼성전자를 예로 들어보면 삼성전자는 대표적인 '시클리컬(Cyclical)', 즉 우리말로 경기순환형 기업입니다. 왜냐면 삼성전자 매출의 가장 큰 비중을 반도체가 차지하는데, 반도체는 전방산업의 특성상 사이클이 존재하는 산업이기 때문이지요. 그런데 가치주를 대하는 방식으로 삼성전자에 투자하는 분이 있습니다. 반도체 불황 속에서 열심히 '가치 투자' 개념으로 삼성전자를 모으셨던 분이 2016년 반도체 업황이 본격적으로 상승하자 고작 20% 수익을 내고 전량 매도를 하였습니다. 당시 삼성전자는 글로벌 빅테크 기업들의 공격적인 서버 투자에 힘입어 2년 동안 130%의 주가 상승을 기록했으니, 그분은 얼마나 원통했겠습니까? 주가의 변동성이 심한 반도체 주식을 '변동성이 낮은 가치주'로 잘못 분류하였기 때문에 범한 실수라고 볼 수 있습니다.

우리 시장의 변동성이 미국시장보다 크고 밸류에이션 멀티플이 낮은 이유는 '경기 순환형 기업'이 많기 때문입니다. 삼성전자, 하이닉스뿐만 아니라 조선, 철강, 화학, 정유, 자동차, 은행 등 코스피에 상장된 주식 중 70%는 경기순환형 또는 경기소비재 기업입니다. 투자자들은 이런 점을 염두에 두어 효과적인 투자 방법을 찾아야 합니다.

효과적인 투자 방법을 어떻게 찾을 수 있을까요?

피터 린치는 투자하는 주식을 여섯 가지로 분류했습니다. 고성장주, 저성장주, 자산주, 턴어라운드주 등으로 구분하였습니다. 그는 투자금의 60% 이상을 고성장주와 턴어라운드주에 집중하는 스타일이었습니다. 아울러 사이클을 타는 주식은 철저하게 턴어라운드 초기 국면에 사서 위로 날아갈 때 팔고, 혁신 가능성을 갖춘 성장주는 성장이 무르익을 때까지 꽉 붙들고 있는 바이 앤 홀드(Buy & Hold) 전략을 취했습니다. 주식에 따라 투자 방식을 서로 다르게 적용한 피터 린치의 포트폴리오와 투자법을 참고해서 투자한다면 한층 무르익은 투자자가 될 수 있습니다.

그렇다면 사이클이 존재하는데 지금 바닥인지 꼭대기인지 어떻게 알 수 있을까요? 정확하게 '지금이 고점이다, 혹은 저점이다'를 판별하기는 사실상 불가능합니다. 우리가 할 수 있는 건 '무릎과 어깨를 보는 것'입니다. 주가가 계속 낮아지다가도 발바닥에서 무릎만큼 올라오는 시점이 있는데 그때 매수를 합니다. 그리고 사이클 상승 추세가 꺾이고 더 떨어지기 전 어깨에서 매도하는 겁니다.

다만 시클리컬 투자에 PER을 참고한다면 일반적 경우와 정반대로 해야 제대로 투자할 수 있습니다. 보통은 PER이 낮을 때 매수, 높을 때 매도죠. 그러나 사이클을 타는 기업은 업황이 한창 좋을 때 영업 이익이 커지고 흑자를 기록하면서 PER이 낮아지는데요. 이때 매도를 통해 투자수익을 실현해야 하지만 폭발적인 이익에 뚝 떨어진 PER을 보면서 '그동안 주가는 많이 올랐지만, 여전히 이익대비 저평가 상태'라는 애널리스트 리포트에 현혹되어 주식을 팔지 못하게 됩니다. 그리고, 업황이 꺾이고 주가가 대폭 하락하면 '이익에 비해서 주가는 여전히 고평가 상태'라고 얘기하면서 주가 바닥에서 손해 보고 매도하게 됩니다.

과거 SK하이닉스 사례를 보면 2018년 대비 2019년 영업 이익이 -87%를 기록하면서 PER이 높아졌습니다. 그런데 사이클이 바닥으로 간다는 건 올라올 일이 가까워졌다는 의미이기도 한 겁니다. 2019년 상반기 삼성전자와 하이닉스가 어닝 쇼크(Earning Shock)를 발표할 때 많은 투자자가 '반도체는 당분간 업황도 부진하고 PER도 높으니 일단 매도하는 것이 낫다'라고 생각하면서 바닥에서 주식을 팔았습니다. 그러나 2019년의 반도체 업황 부진에도 불구하고 삼성전자는 +44% 상승, SK하이닉스는 +55% 주가 상승을 기록하였습니다. 그러니 우리는 '경기순환형 기업'에 대한 효과적인 투자 방법은 '고 PER에 매수, 저 PER에 매도'라는 것을 꼭 기억하셔야 합니다.

오건영

서강대학교 사회과학부를 졸업한 뒤 미국 에모리대학교에서 MBA를 받았고 국제공인 재무설계사와 미국공인회계사를 취득했다. 이후 신한은행 WM사업부 전임 컨설턴트, 신한은행 투자자산전략부 매크로 분석 담당, 신한 AI 자본시장분석팀을 거쳐 현재는 신한은행 WM컨설팅센터 부부장으로 있다. 국회와 금융연수원 등에 출강하며 다수의 매체에 출연했다. 주요 저서로는 『부의 대이동』, 『부의 시나리오』, 『인플레이션에서 살아남기』등이 있다.

Q 과거 10년과 비교해 지금은 무엇이 달라졌나요?

A 인플레이션을 잡아야 하니까 연준이 유동성의 밸브를 걸어 잠갔습니다. 긴 과정이지만 압축해서 말씀드리면 기업도 투자를 줄이고 개인도 손절매하거나 신규 투자를 조심하는 경향이 나타나고 있습니다.

06

돈의 흐름을 잡아라

오건영

미 연준이 유동성을 회수하면서 시장에서 나타나는 효과 중에 미국 외 국가들의 통화 약세가 두드러지고 있습니다. 특히 일본과 중국의 통화 약세를 예의 주시할 필요가 있는데요.

이 차트는 미국 10년물 국채 금리와 달러/엔 환율 추이를 나타낸 것입니다.

일본 엔화의 약세가 이어지고 있는데 약세의 가장 큰 이유 중 하나는 일본이 YCC[●](수익률 곡선 관리)로 10년물 국채 금리를 묶어 버렸

> **Tip** **YCC(Yield Curve Control: 수익률 곡선 관리)**
>
> 중앙은행이 장기금리 목표를 달성하기 위해 채권을 매수하거나 매도함으로써 수익률을 컨트롤하는 정책이다.
>
> 출처: 위키백과

▲ 미국 10년 금리와 달러엔 환율

기 때문입니다. YCC는 원래 채권 가격이 낮아지는 걸 막기 위한 장치인데 일본은 0.25% 이상으로 금리가 튀어 오르지 못하게 막는 용도로 활용하고 있습니다. 그럼 일본과 미국의 금리 차이가 벌어지죠? 엔화보다 달러를 선호하는 수요가 커집니다. 이게 엔화 약세로 이어지면서 미국 국채 금리와 달러/엔 환율이 같이 올라가는 모양새입니다.

하지만 통화 약세가 계속되고 이걸 중앙은행이 의도적으로 유도하는 것처럼 보이면 미국을 비롯한 국제사회에서 견제와 압박을 가하게 됩니다. '너희만 수출 잘 되게끔 장난치는 거냐?'라고 말이죠.

세 번째 위기, 세 번째 기회

그래서 억제한다고 억눌리는 시장이 아니기도 하고 2022년 하반기 이후로는 금리를 튀지 못하게 막는 식의 정책이 변할 가능성이 있습니다. 또 엔화 약세가 계속되면 수입품의 가치가 올라가고 인플레이션이 심해질 수 있어서 일본 당국이 기조를 전환할 수 있습니다.

환율이 왜 오르고 내리는지, 그래서 어떤 영향으로 이어지는지, 이해하는 게 쉽지는 않습니다. 그래서 환율에 관한 내용으로 강의를 하거나 방송에 출연할 때 두 가지 개념만 명확하게 잡자고 투자자분들께 말씀드립니다.

첫째, 환율은 금리를 비교하는 관점에서 보는 겁니다. A국 금리가 B국 금리보다 높으면 A국 통화를 보유할 때 이자 수익이 훨씬 더 크니 A국 통화 수요가 많아집니다.

둘째, 성장하는 국가의 통화가 강세를 보이게 됩니다. 예를 들어 주식엔 배당수익이 있죠. 실적이 좋고 성장을 계속하는 종목에서는 배당 규모가 커지고 배당을 받기 위해 투자금이 몰리게 돼요. 통화도 마찬가지입니다. 성장의 열매를 받아보기 위해 투자가 집중되는데 이 과정에서 해당 국가의 통화 가치가 올라가고 강세로 이어집니다. 그런데 환율이 어렵다는 게 'X면 반드시 Y'와 같이 움직이는 게 아니거든요. 2022년 상반기 미국이 금리를 올리는데 중국이 금리를 낮춘다 해서 '중국 뭐지? 얘네 믿는 구석이 있나?'라고 투자자들이

웅성웅성했습니다.

금리를 인하하면 금리가 높은 다른 국가에 비해 수요가 덜할 테니 일반적으로는 인하한 나라의 통화가 약세를 보이죠. 중국이 일반적이지 않은 게 금리를 인하했는데 성장세가 커지고 경기부양 드라이브가 강하게 걸린 겁니다. 금리가 낮아져도 강세를 띠는 재미있는 현상이 생긴 겁니다. 마찬가지로 금리를 올려도 성장세가 둔하고 큰 악재가 있으면 해당국 통화는 약세를 띠죠. '금리가 오르는데 통화가 약세인 경우가 있나?'라고 생각하실 수 있는데 2004~2006년 미국이 그랬거든요. 당시 미국이 기준금리를 1%에서 5.25%까지 올렸습니다. 그런데 달러가 약세를 보여 2007년엔 원 달러 환율이 900원대였죠. 브릭스•(BRICS)라고 불리는 신흥국이 한창 떠오르고 잘 나가다 보니 신흥국으로의 수요가 달러 수요를 압도했던 거죠. '금리와

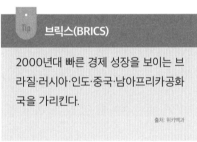

> **Tip 브릭스(BRICS)**
>
> 2000년대 빠른 경제 성장을 보이는 브라질·러시아·인도·중국·남아프리카공화국을 가리킨다.
>
> 출처: 위키백과

성장을 함께 보면 환율이 이해된다'라는 말을 이제는 납득하실 겁니다.

최근의 중국을 보더라도 금리와 성장 두 섹터가 단독이 아닌 공동으로 환율, 통화의 강세·약세에 영향을 준다는 점을 알 수 있습니

다. 중국은 상하이를 봉쇄하고 베이징까지 그럴 것인지 시끌시끌했습니다. 그전엔 코로나19를 빨리 극복하고 '보복 소비'가 물밀듯 터져 나온 나라였습니다. 그러다 '보복 소비'의 열기가 식고 일부 지역에서 코로나19가 재확산되면서 경기가 위축됐습니다. 보통은 경기가 위축되면 투자로 부양해주면 됩니다. 하지만 '헝다 사태'에서도 나타나듯이 중국은 시장의 부채 규모가 너무 커서 투자로 경기를 띄우는 데도 한계가 있는 상황이었습니다.

그런데 2021년 하반기부터 위안화가 갑자기 강세를 보였습니다. 은행에 의무적으로 돈을 비축할 지급준비율을 낮춰서 위안화가 시장에 많이 돌고 금리도 인하되었습니다. 중국 정부에서 유동성을 확대한 겁니다. 그러면서 시장에서 중국의 경기가 뜨겠다는 기대심리가 형성된 겁니다. 반중 성향의 트럼프 정부가 바이든 정부로 바뀌고 미국 경기가 같은 기간 탄탄하게 순항하면서 대미 수출 실적이 좋았던 점도 위안화의 가치를 끌어올린 배경이었습니다. 하지만 2022년이 되면서 중국은 금리를 조금씩 낮추는데 미국이 빠르게 금리를 올리면서 흐름이 또 바뀝니다. 미국 금리가 중국 금리보다 높아졌죠. 이때 중국의 주요 도시에서 확진자가 늘어나고 상하이 봉쇄를 하면서 성장세가 둔화합니다.

여기서 시장에 중국 정부가 금리 인하, 지급준비율 인하를 계속

한다는 소문이 돈 겁니다. 실제로 중국 내부에서 이를 두고 갑론을박이 오고 갔다고 합니다. '성장이 더뎌지고 있으니 금리를 내려야 된다'하는 쪽이 있었고, '미국과 금리 역전이 일어났는데 금리를 더 내리면 자본이 유출된다' 하는 쪽이 있어서 옥신각신한 겁니다. 결국 금리를 내리지 않았고 투자자들의 위안화 수요가 낮아지면서 위안화가 약세로 전환했습니다. 그들의 이런 태도를 보니 '배짱 있게 나오더니 사실은 뭐 별것 없네'라는 생각이 듭니다.

▲ 미국 10년 중국 10년 금리와 달러 위안 환율

위 차트에서 연한 주황색 선이 미국 금리, 진한 주황색 선이 중국 금리입니다. 중국은 조금씩 쭉 금리를 낮추고 미국은 금리 저점을 찍었다가 급격하게 올린 게 보이시죠? 급기야 차이가 컸던 양국 금리의 차이가 줄더니 역전이 일어났습니다. 미국 금리 뛰는 속도가 이렇게 빨랐던 적이 2015년 8월 이후 처음입니다.

그럼 위안화 약세인 건 알겠는데 앞으로 어떻게 되는 건지 궁금하시죠? 핵심을 먼저 말씀드리면 첫째, 중국의 소비가 줄어들고 세계적인 성장 둔화와 침체가 나타날 수 있습니다. 중국은 미국을 비롯한 전 세계의 물건을 사는 나라이기도 합니다. 이들이 물건을 사지 않으면 세계 경기를 끌어올리는 미국, 신흥국들의 수출 실적이 부진해지면서 전반적인 경기 침체가 발생하는 겁니다.

둘째, 중국의 경제 성장이 무뎌지면 생산 규모도 줄어들면서 세계적으로 원자재 가격이 하락합니다. 원자재 수출에 따라 호경기와 불경기가 좌우되는 브라질 경제는 위안화의 영향력, 중국의 파워를 잘 알 수 있는 대목입니다.

위안화가 약세를 보이고 위안/달러 환율이 올라가니까 브라질 헤알화도 약세로 전환되고 헤알/달러 환율도 뛰는 추세를 볼 수 있습니다. 위안화 환율이 하나의 섹터지만 국제 원자재 가격이나 세계 경기의 풍향 등 여러 가지를 짐작할 수 있는 좋은 재료라는 점을 알아두시면 좋습니다.

▲ 위안화 및 헤알화 추이

2020년 우리 주식시장을 기억하십니까? 3월에 코스피 지수를 비롯해 주식 종목들이 바닥을 찍고 5~6월부터 반등하면서 2021년까지 훈훈한 상승장이 이어졌습니다. '내 주식은 대체 언제 오르냐?'라며 답답해하거나 심지어 손실이 너무 많이 나서 팔지도 못하던 분들께 참으로 즐거운 시기였습니다. 그런데 이런 의문을 가진 분들도 많았습니다. '아니 코로나19가 유행하고 실물 경제 주저앉는데, 주식시장은 어떻게 사상 최고가를 경신한 거지?'

그런 의문에 대한 답으로 가장 큰 이유는 바로 기축통화 달러 유통을 통제하는 미국 연방준비제도가 유동성을 확대한 데 있었습니다. 돈을 시장에 풀었기 때문에 재투자가 이뤄지고 주식시장에 전체

세 번째 위기, 세 번째 기회

에 훈풍이 불었던 겁니다.

이러한 유동성의 달콤한 순기능 때문에 연준은 수년째 진퇴양난이었습니다. 엘 에리언●이라는 분의 말씀을 인용하면 '루즈-루즈(Lose-Lose) 게임'을 했습니다. 돈을 시장이 원하는 대로 풀기만 하면 주식을 비롯한 투

Tip 엘 에리언

IMF에서 15년 동안 국제 펀드, 정책, 금융 분야에서 일했다. 핌코에서 CEO로 300조 원을 운용하며 한 해 동안 4조 9,500억 원의 수익을 기록하였다. 하버드 투자 자문의 CEO를 역임하면서 재임 시절 투자로 벌어들인 수익은 총 52조 원이다.

출처: 위키백과

자 자산의 값은 오르지만, 인플레이션부터 시작해서 모든 실물 경기에 악영향을 주게 됩니다. 반면 돈을 거둬들이면 투자 시장이 위축되고 실물 경기에 압박이 될 수 있습니다. 어떻게 해도 '연준, 뭐 하냐?'라는 비판을 받게 돼 있습니다. 더 쉽게 설명해드리면 인플레이션이 시장을 인질로 잡고 연준과 대치 중인 인질극 같은 상황이었습니다.

그런데 2022년 4월부터 연준이 달라졌습니다. 실업률에 영향이 가고 인질(시장)이 다쳐도 물가를 잡겠다는 '마이 웨이'를 천명하고 나섰습니다. 그들에게 '물가를 이대로 내버려 두면 큰일이 나겠다'라는 생각이 든 거죠. 연준이 가장 중요한 물가 상승 지표로 보는 두

가지, PCE 물가지수와 소비자물가지수(CPI)가 1982년 이후 가장 높은 상승률을 기록한 데서도 물가 상승의 심각성을 확인할 수 있습니다.

직관적으로 설명해드리자면, PCE와 소비자물가지수는 지출을 보느냐, 아니면 물건 가격을 보느냐 하는 차이가 있습니다. 다시 말해서 PCE는 주요 상품 하나하나의 가격을 보는 게 아니라, 개인이 얼마나 지출했는지를 보는 지표입니다. 반면 CPI는 주요 물품, 서비스들의 구매 가격을 나타내는 지표인데요. 가격 지표와 지출 지표가 모두 최고 수준이라는 건 그만큼 인플레이션 만성화의 위험과 함께 연준이 신중하면서도 적극적인 추가 조치에 나설 것이라 볼 수 있는 풍향계라 하겠습니다.

연준의 바뀐 기조는 '포워드 가이던스(Forward Guidance)'라는 표현에서도 확인할 수 있습니다. 우리말로 하면 '선제 안내'인데 쉽게 말해서 회초리를 때리기 전 바닥에 먼저 내리친다거나 군대에서 어려운 작업 혹은 훈련하기 전에 미리 말해주는 걸 떠올리면 됩니다. 제임스 불러드(James Bullard) 세인트루이스 연준 총재는 컨퍼런스나 방송 인터뷰에서 이런 말들을 했습니다. "중앙은행은 인플레이션과의 싸움에서 그다지 뒤처지지 않고 있다. 투자자들에게는 인플레이션이라는 용을 죽인 폴 볼커가 필요하다. 인플레이션 기대를 억제할 수 있다면 그만큼 상황이 개선된다. 2023년, 2024년엔 확실히 인플레이션이 억제되어 정책금리를 인하할 수 있다."

폴 볼커처럼 살벌하게는 아닐지라도 인플레이션이 잡힐 때까지 유동성을 억제하겠다고 그가 예고한 것이죠. 동시에 물가가 안정되면 시장에 선물을 주겠다는 힌트까지 슬쩍 꺼내면서요. 그리고 최근 연준의 금리 인상 관련 뉴스를 꼼꼼히 보셨다면 '중립 금리●'라는 단어를 접하셨을 겁니다. 중립 금리가 무엇이냐면 저는 '파랑새'라고 말씀을 드립니다. 이만큼 되면 물가가 오르지도, 내리지도 않는 아름다운 금리가 중립 금리라는 얘기죠. 실제로 어느 수준의 금리가 중립 금리인지는 아무도 모르

Tip 중립 금리

중립 금리란, 경제가 인플레이션이나 디플레이션 압력이 없는 잠재성장률 수준을 회복할 수 있도록 하는 이론적 금리 수준을 말한다. 경기 부양 정책이나 경기과열에 다른 인플레이션에 대비한 긴축정책을 선택하는 것이 아니라, 물가 상승률과 잠재성장률 그리고 정책금리와 실질금리 사이의 스프레드 등을 감안하여 중립적인 상태로 우리나라의 콜금리(미국의 경우 연방기금금리)를 유지하는 것이다.

출처: 위키백과

지만, 아무튼 제롬 파월 의장과 재닛 옐런(Janet Yellen) 재무장관의 바람 속에 존재하는 상상 속의 동물 같은 것입니다. 이 중립 금리가 갑자기 회자가 된 것은 제임스 불러드 세인트루이스 연준 총재가 중립 금리를 들고 나와 불리한 싸움을 했기 때문입니다.

연준 이사회와 연방공개시장위원회에서 다수파를 이루는 견해는 '기준금리를 중립 금리까지 인상하자'라는 겁니다. 그러면 기준금리가 2.5~2.75% 정도가 될 것으로 추정되는데요. 이 정도까지 빠르게 올리고 그때 상황 봐서 더 올릴지를 정하자는 게 골자입니다. 여기서 불러드가 이의 있다고 손을 든 겁니다. "중립 금리는 물가가 오르지도 내리지도 않는 금리다. 다시 말해서 중립 금리까지만 올린다는 건 지금의 고물가를 안 잡겠다는 거다. 그 위로 끌어올릴 생각을 해야 물가가 잡히지 않겠나!" 그리고 덧붙이는 말이 이렇습니다. "2022년 연내 물가 안정을 목표로 했으면 0.25~0.5%씩 느릿느릿 올리기보다 한두 번 강하게 올리는 게 보다 효과적이다."

그런데 파월 의장은 이렇게 받아칩니다. "중립 금리는 고정된 금리가 아니다. 2.25%도 중립 금리일 수 있다. 그러니 2.5~2.75%까지 올리는 목표도 무의미한 목표가 아니다."

결국 갑론을박이 오가다 새로운 합의가 있기 전까지 50BP(0.5%)씩 금리 인상과 양적 긴축의 패키지로 연준 내 합의가 이뤄진 상태입니다. 참고로 50BP 인상은 22년 만에 처음이기 때문에 정말 긴장하고 주시해야 할 대목입니다. 그리고 양적 긴축과 금리 인상을 패키지로 하는 건 역대 최초입니다.

그러면 '연준이 계속 유동성을 회수하고 나면 금리가 다시 떨어지면서 주가도 오르겠네'라고 생각하는 분이 있을 겁니다. 과거에는 이런 생각이 옳았습니다. 하지만 이 패턴이 2021~2022년의 인플레이션 이후로는 적용되지 않습니다. 최근 10년간은 시장에 일정 사이클이 존재했습니다. 금리가 낮아지면 주가가 상승세를 탔었죠. 조정장, 악재로 인해 주가가 낮아지고 투자가 위축되면 연준이 무제한으로 유동성을 투입해주었습니다. 유동성이 투입되니 투자가 활발해지면서 경기 부양이 이뤄지고 이게 투자자들이 일반적으로 인지하는 흐름이었습니다.

지금은 무엇이 달라졌나요?

인플레이션을 잡아야 하니까 연준이 유동성의 밸브를 걸어 잠갔습니다. 긴 과정이지만 압축해서 말씀드리면 기업도 투자를 줄이고 개인도 손절매하거나 신규 투자를 조심하는 경향이 나타나고 있습니다. 금리도 떨어지고 주가도 낮아지고 시장 전체가 침체하는 '이상기후'가 발생했습니다. 이게 길어지면 리세션*(Recession)과 불황의 단계로 접어드는데요. 다행인 점은 리세션 단계가 오더라도 금융위기

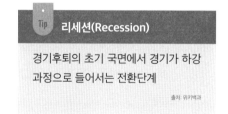

Tip **리세션(Recession)**

경기후퇴의 초기 국면에서 경기가 하강 과정으로 들어서는 전환단계

출처: 위키백과

와 같은 극단적인 위기까지는 가지 않을 듯하다는 점입니다.

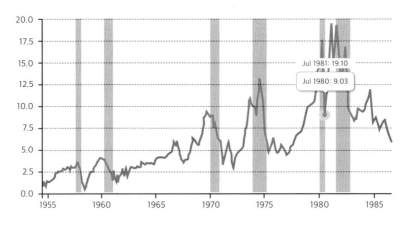

Jul 1981: 19.10

Jul 1980: 9.03

▲ 미국 실질 연방기금금리 (Federal Funds Effective Rate)

위의 차트는 100년 넘는 역사의 연준이 역대 최고로 기준금리를 올렸을 때를 보여주는 것입니다. 당시는 베트남전과 1·2차 오일쇼크 이후 경기 부양을 위해 막대한 통화가 시장에 풀리고 70년대부터 계속된 스태그플레이션이 절정이었습니다. 이때 경제학자 밀턴 프리드 먼(Milton Friedman)은 이렇게 비판하기도 했지요. "인플레이션은 알코올 중독과 같다. 처음엔 효과가 좋지만, 나중에는 부작용이 있을 뿐이다."

결국 폴 볼커 연준 의장의 주도로 기준금리가 매월 2~3%씩, 1년 뒤엔 10%까지 올라 1981년 6월에는 무려 19.10%에 이르는 무시무시한 시대였습니다. 신용도가 높은 사람은 대출 이율이 20%, 그보다 못한 이들은 이율이 30%까지 올라간 상황이었습니다. 그 여파로 중소기업의 4분의 1이 도산하고 1979년 5% 대였던 미국 실업률이 1981년 7%, 1982년 10.8%까지 치솟았습니다.

윌 스미스 주연의 영화 <행복을 찾아서>를 보면 실업자들이 무료 숙소에서 하룻밤 자기 위해 줄을 서고, 여기서 밀려난 주인공과 어린 아들이 전철역 화장실에서 노숙합니다. 큰 폭의 금리 인상이 경제적 취약 계층에 미친 영향을 이 영화는 잘 묘사했습니다. 그리고 이렇게 통화정책이 심각한 사회 문제를 일으키자 점진적으로 물가를 다루어야 한다는 공감대가 금융당국, 학계에 형성됐습니다. 매파인 제임스 불러드조차 인플레이션 수습 이후를 단서로 붙이고, 시장의 충격을 고려하는 이유가 여기 있습니다. 회초리를 휘두르더라도, 쓰러지지 않을만큼만(리세션이 오지 않을 만큼만) 휘두르는 거라고 이해할 수 있습니다.

코로나19와의 전쟁부터 자잘한 악재까지 온갖 고비를 넘는 과정을 통하여 개인투자자 중에도 정보 소화력을 갖고 시장 상황에 대응하는 분들이 많아졌습니다. 또 과거 불경기와 경제위기 때 속절없이 무너졌던 미국의 민간 은행들은 탄탄한 자본력을 길렀습니다. 아마존과 알파벳을 비롯한 빅테크 기업, 2차전지를 비롯한 전기차 관련 기업, 바이오 기업 등이 어려운 시장에서 기반을 다졌습니다. 아시아 금융위기, 닷컴 버블, 지금은 2008년 금융위기 때와 달리 우리 시장 전반의 펀더멘털이 튼튼해졌습니다. 반면에 짧게는 하루 이틀에서 길게는 1주일 만에 시장의 판도가 전환되는 어려움도 우리에게 생겼습니다. 이런 어려운 장에서 투자자들은 자산을 분산하는 지혜가 필요합니다.

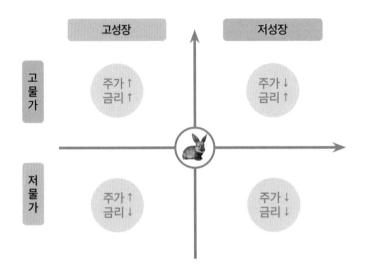

▲ 주식시장을 한 마리 토끼라고 하면 2022~2023년은 토끼가 이리저리 왔다 갔다 하듯 판도가 빠르게 바뀌는 시기가 될 것으로 보인다.

위 그림 속의 사분면 중에서 어느 한쪽으로 진전이 될 때까지 신중한 투자를 하는 것이 바람직해 보입니다. 아울러 미국의 물가상승률이 연준의 목표 수준인 2% 수준에서 안정될 때까지는 '이보 전진을 위한 일보 후퇴'라고 봅니다. '말로만 겁준다'라는 비웃음을 들은 예전과 달리 연준은 기대 인플레이션까지 꺾기 위해 금리를 낮춰주지 않고 계속해서 유동성 밸브를 잠글 것입니다. 그러나 물가가 평년 수준으로 회복되면 이때부터는 투자가 한결 살아나고 시장이 재미있는 방향으로 전개되지 않겠나 예상해 봅니다. 그래서 투자자들은 야구에서 강타자가 타석에 들어서면 수비 위치를 바꿔서 미리 대응하듯 금리 인상에 지레 겁을 먹기 전에 멘털을 다잡고 먼저 대응한다는 자세를 갖는 것이 중요합니다.

연준에서 나오는 최근 발언들, PCE·CPI를 비롯한 주요 지표들을 잘 보면 국제 시장과 돈의 흐름을 놓치지 않고 잘 읽을 수 있습니다. 환희의 순간을 먼저 알아보고 신중하게 위험에 대비하는 투자자가 되시기를 바랍니다.

홍춘욱

연세대학교 사학과를 졸업한 뒤 고려대학교 대학원에서 경제학 석사, 명지
대학교에서 경영학 박사학위를 받았다. 1993년 한국금융연구원을 시작으
로 국민연금 기금운용본부 투자운용팀장, KB국민은행 수석 이코노미스
트, 키움증권 투자전략팀장(이사) 등을 거쳤다. 현재 리치고 인베스트먼트
대표로 일하고 있다. 2016년 조선일보와 에프앤가이드가 '가장 신뢰받는
애널리스트'로 선정했다. 주요 저서로 『돈의 역사는 되풀이된다』, 『50대
사건으로 보는 돈의 역사』 등을 저술했다. 최근에는 유튜브 채널 <홍춘욱
의 경제강의노트>를 통해 어려운 경제 및 금융시장 지식을 쉽게 전달하기
위해 노력하고 있다.

Q 어려운 시장 상황에서 투자자는 어떻게 해야 할까요?

A 밀물이 있으면 썰물도 있는 법입니다. 주식 시장이 호황일 때 진입한 투자자들은 조정이 올 때를 대비해야 합니다. 그리고 투자자들이 지표를 보면 투자 성공 확률을 높일 수 있습니다.

07

한국 증시, 아직 내리막길이 아니다

홍춘욱

한국 증시의 지금 상황은 울퉁불퉁한 산길입니다. 그러나 아직 내리막길은 아닙니다. 왜 그러냐고요? 원래 주가가 내리막길일 때는 금리가 인하됩니다. 금리 인하는 시장에 호재가 아니라 오히려 악재라고 볼 수 있는 경우가 많습니다. 경기가 나빠져 금리를 내리지 않으면 큰일이 나겠다 싶어서 인하하기 때문이지요. 그래서 금리 인하가 본격적으로 진행되는 시기는 우리가 가장 조심해야 할 때입니다.

IMF는 2022년 한국 경제성장률 전망을 3%로 좀 낮췄습니다. 2021년에 3.3%라고 했는데 이를 3%로 낮춘 것이지요. IMF의 세계 경제 성장에 대한 전망이나 기대치들이 약해진 건 미국 연준의 금리 인상의 영향을 받은 겁니다. 그러나 실제 우리 경제가 정말 불황으로 가고 있진 않습니다. 지금 주가가 하락하고 주식시장이 조정받은 것은 금리 인상에 대한 공포가 시장에 선반영이 된 겁니다. 그리고 우리 국내 주식시장의 특수한 내부 여건이 반영되기도 했고요. 그러니까 미국보다 우리 주가가 더 많이 내립니다. 이 원인은 우리 시장은 수요와 공급의 흐름이 안 좋다는 사실입니다.

우리 시장은 LG에너지솔루션 같은 대규모 공모주 청약이 있었을 때 전체적인 수요가 약해졌습니다. 아마도 투자자들이 공모주 청약을 위해서 다른 주식을 팔았을 겁니다. 당시 LG에너지솔루션이 장안의 화제가 되고 그 청약에 1경 원이 넘는 뭉칫돈이 몰렸으니, 상대적으로 다른 주식들은 다 말라비틀어진 겁니다. 시장에 새로운 투자금이 유입되는 것이 아니라 시장 안에 있던 자금이 한군데로 몰린 것이지요. 물론 공모주 청약에 들어갔던 보증금이 다시 시장에 나오면 또 다른 주식을 매입하는 상황이 나오긴 합니다. 하지만 우리 주식시장은 이런 거대한 공모주가 나올 때마다 흔들린다는 문제점을 가지고 있습니다.

SK바이오팜의 상장 때도 마찬가지였습니다. 여기다가 크래프톤, 카카오뱅크, 카카오페이까지 더해져서 보통 같으면 1년에 한두 종목 정도 들어오던 그런 대규모 IPO가 지난 2년 사이 10건 가까이 됩니다. 결국 이런 종목들이 차례로 들어오면서 시장을 흔들었고, 여기에 연준의 금리 인상이 더해지면서 2020~2021년 활황이던 우리 주식시장은 2022년에 조정을 받고 있는 것이지요.

하지만 시장이 완전히 무너져서 코스피 지수가 코로나19 팬데믹이 시작된 직후의 폭락 수준으로 돌아가는 일이 발생할 거라고 하기엔 시장의 힘이 너무 좋습니다. 그래서 지금 우리 시장은 힘 좋은 경주마에 납덩어리를 많이 매단 격에다가 갑자기 돌발 악재가 나타나 잠시 주춤하는 겁니다. 물론 여기에 우크라이나 전쟁이라는 악재는 주가를 더 낮아지게 할 수 있습니다. 하지만 우리 주식시장을 절망적으로 보기엔 아직 많은 희망이 남아 있습니다.

어려운 시장 상황에서 투자자는 어떻게 해야 할까요?

밀물이 있으면 썰물도 있는 법입니다. 주식시장이 호황일 때 진입한 투자자들은 조정이 올 때를 대비해야 합니다. 그리고 투자자들이 지표를 보면 투자 성공 확률을 높일 수 있습니다. 예를 들어 우리나라 수출의 상황에 따라 투자의 성과가 달라질 수 있습니다. 또 증시의 탄력이 둔해진 시기에는 주식 말고 채권, 달러 같은 것으로 스위칭(Switching)해야 합니다.

무작정 우량주에 장기 투자하는 것도 하락장을 견딜 수만 있으면 개인에게는 괜찮은 방법입니다. 그런데 이번 장을 보시면 아시겠지만 3,000대에 있던 코스피 지수가 금세 2,700까지 폭락하는 것을 보면 장기투자도 쉽지 않은 겁니다. 투자자들이 보통 시장은 장기적으로 우상향하니까 조정 시에 사야 하고 일시적인 주가 하락을 버텨야 한다고 생각하지만 그건 이런 하락을 당해보지 않은 사람들의 생각이지요. 권투선수 타이슨이 한 유명한 말이 있습니다. "누구나 그럴싸한 계획이 있다. 한 대 맞기 전까지는…." 그러니까 투자자는 시장의 조정을 받아보고 난 다음에야 자신이 장기 투자가 가능한지 비로소 아는 겁니다. 시장이 큰 변동 없이 나아가고 세상이 평화로울 때는 잘 모릅니다.

　　생업이 바빠 주식 공부를 하고 상황에 대처할 시간이 안 되는 분들에게는 '비빔밥 전략'을 권유합니다. 시장을 따라가기 힘들 때는 주가 변화의 반대 방향에 있는 달러에 투자하는 겁니다. 또 주식과 부동산을 분산 투자하는 방법도 있습니다. 이때 투자자들은 어떤 상황이라면 '어떤 상황에서 어떤 신호가 나오면 어떻게 움직이겠다'라는 계획을 세우고 있어야 합니다. 그리고 돈의 신호도 포착해야 합니다. 주의할 점은 교통신호의 노란불처럼 어중간한 신호가 나왔을 때는 멈춰야 한다는 것이죠. 그럴 때 엑셀에 발을 올리면 안 됩니다.

우리나라 주식시장은 안정성이 없으니까 투자자들은 주가가 급락했을 때 사고, 급등했을 때 팔아서 수익을 실현하는 게 좋습니다. 그리고 자기 자산을 주식에만 몰아서 넣지 마세요. 자산의 일정 부분은 금이나 달러, 또는 부동산으로 갖고 있어야 합니다.

우리나라 종합주가지수는 1980년에 만들어졌습니다. 이후 40년 동안 주식시장의 연평균 수익률은 무려 7.5%입니다. 이런 수치만 보면 정말 좋은 시장입니다. 그런데 자세히 살펴보면 1983년 아웅산 폭탄 테러, 1998년 외환위기, 2008~2009년 금융위기, 2020년 코로나19 팬데믹 같은 큰 위기 직후 4번의 폭등장이 있었고 중간중간에는 주가가 낮아지는 4~5년의 긴 손실 구간도 있었습니다.

이렇게 우리 주식시장이 보여준 특성을 고려할 때, 투자자들이 공부를 안 하면 정말 힘든 시장입니다. 또 우리 경기는 호황 후에 불황이 오는 경우가 반복되다 보니 이것이 기업엔 하나의 핑곗거리가 된 듯합니다. 바로 언제 불황이 올지 모르니 기업은 주주들을 위해 배당을 할 수 없다고 핑계를 대는 거죠. 기업의 이런 태도는 주주와의 신뢰를 무너뜨리고 있습니다.

주주의 신뢰를 무너뜨렸던 그런 사례가 있나요?

미국에서 있었던 유명한 일화를 하나 소개하겠습니다. 『문 앞의 야만인들●』이라는 책을 탄생시킨 사건인데요. 1980년대 말에 RJR

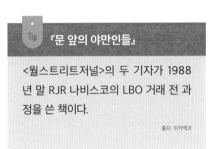

나비스코라는 회사가 있었습니다. 당시 우리가 익히 아는 과자 '오레오', '리츠' 등의 브랜드를 가지고 있던 RJR은 그야말로 '돈 버는 기계'였습니다. 그런데 CEO 로스 존슨은 경영 능력은 있었지만, 친구들을 위해 필요 없는 골프 클럽이나 호텔을 인수하는 등 만행을 저지릅니다. 그의 이런 행동은 주주들을 분노하게 했습니다. 그리고 이 회사에 대한 안 좋은 소문들이 곧 시장에 퍼졌습니다.

그는 폭락한 주가가 회복되지 않자 월스트리트 인수 합병 전문가와 몰래 손잡고 LBO●를 했습니다. 차입금을 동원해 회사를 인수한 다음 자산을 쪼개 팔아 주주와 경영진은 물론 관련 업

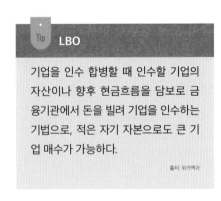

체까지 부자로 만든다는 계획이었습니다.

로스 존슨은 KKR(Kohlberg Kravis Roberts)을 비롯한 인수자들에게 막대한 돈을 받고 회사를 팔아넘겼습니다. 하지만 인수 합병에 따른 구조조정으로 많은 직원이 해고되었습니다. 또 회사의 채권 소유자들도 손해를 봤습니다. 오로지 자기 이익만을 챙기는 비인간적인 집단에 의해서 이 일이 발생한 겁니다. 이 사건은 어떤 교훈을 남겼을까요? 경영진이 회사의 내재 가치에 비해 낮은 주가를 계속 방치하면, 이런 야만인들을 불러들일 수 있다는 사실입니다.

한국은 아직 이런 일이 없었기에 경영진들이 주가에 신경을 덜 쓰지만, 미국은 주가가 낮아지면 경영진들이 걱정하기 시작합니다. 우리는 배당금을 인상한 기업들이 종이 한 장에 다 적을 수 있을 만큼 적지만, 미국은 그런 기업들이 한국과는 도저히 비교도 할 수 없을 정도로 많습니다. 상대적으로 미국은 우리보다 주주를 더 두려워한다고 볼 수 있다는 뜻이죠.

한국 증시의 투자 환경을 고려할 때 어떤 투자 방법을 선택하는 게 좋을까요? 우선 자신의 투자 성향을 알아야 합니다. 예를 들어 어떤 분은 식당에 가서도 음식에 무얼 넣었는지 분석합니다. 이런 분은 그 식당의 점심시간에는 고객들이 몇 번 테이블을 채우는지, 한 달 수입은 얼마인지 등의 분석적 사고가 정착됐습니다. 바로 회계사나 애널리스트 같은 분이죠. 매출이 잘 나오고 비용이 어느 정도 통제되는가를 분석할 수 있는 분에게는 시장이 호황이든 불황이든 상관없습니다. 기업의 내재 가치라는 것은 결국 매출에서 나오는 거니까요. 아니 오히려 시장에 불황이 온다면 더 좋겠죠. 주식을 싸게 살 수 있으니까요. 이런 기업의 옥석을 가릴 수 있는 분은 구태여 경제지표를 보지 않아도 됩니다.

이런 분은 워런 버핏처럼 '바텀 업(Bottom Up)'을 하면 됩니다. 그는 주식을 고르는 기준의 첫 단계로 경영진의 신뢰를 봅니다. 두 번째로 장기적으로 회사의 실적이 향상될 여지가 있는지를 봅니다. 세 번째는 새로운 신규 진입자에 의해 이

> **바텀 업(Bottom Up)**
>
> 종목 선정의 기술 가운데 상향식 방법으로서 하나하나의 종목 자체를 먼저 분석한다. 성장산업에 속하지 않았더라도 기업 자체가 저평가 상태이고 잠재력이 있다면 매수한다. 반대로 개별 종목이 아니라 업종 전체의 전망부터 우선 고려하는 기술은 탑 다운(Top Down)이라고 한다.
>
> 출처: 위키백과

회사의 시장 영향력이 훼손될 가능성이 있는지를 점검합니다. 그렇게 숙고한 다음에 그 회사를 100% 인수해서 자기의 자회사로 만들어버리고 싶을 때 그는 베팅합니다.

만약 나에게 이런 정도의 능력도 시간도 없다면 어떻게 해야 할

까요? 우리나라 수출 전망을 보는 겁니다. 우리는 어차피 수출로 먹고사는 나라잖아요. 우리 기업 중 장기적으로 배당을 꾸준히 인상한 기업도 없고, 매출액이 꾸준히 높아진 기업도 많지 않습니다. 국민주인 삼성전자조차 이익이 반토막 난 사건이 2018~2021년의 불과 4년 사이에 두 번이나 있었습니다.

이렇게 미래에 대한 예측이 불가능한 시장에 투자하면서 성공하는 방법은 우리보다 먼저 움직이는 선진국의 경제지표를 참고하는 것입니다. 대표적으로 미국 쇼핑몰의 판매량 통계가 매월 보름에 나옵니다. 그래서 이 수치를 보고 투자 판단을 하는 겁니다. 작년 7월부터 쇼핑몰의 매출이 줄었고, 크리스마스 시즌이 싸늘했다는 이야기를 들어 본 적이 있을 겁니다. 미국의 경기가 나빠지면 수출에 의존하는 우리나라는 힘들어질 수밖에 없잖아요. 이럴 때 우리 시장에서의 어떤 모멘텀(Momentum), 경기의 방향성이 약해졌다고 하는 겁니다. 바야흐로 주식 투자에 전보다 몇 배로 신중하고 보수적이어야 할 때가 왔다는 의미죠.

홍춘욱

연세대학교 사학과를 졸업한 뒤 고려대학교 대학원에서 경제학 석사, 명지대학교에서 경영학 박사학위를 받았다. 1993년 한국금융연구원을 시작으로 국민연금 기금운용본부 투자운용팀장, KB국민은행 수석 이코노미스트, 키움증권 투자전략팀장(이사) 등을 거쳤다. 현재 리치고 인베스트먼트 대표로 일하고 있다. 2016년 조선일보와 에프앤가이드가 '가장 신뢰받는 애널리스트'로 선정했다. 주요 저서로 『돈의 역사는 되풀이된다』, 『50대 사건으로 보는 돈의 역사』 등을 저술했다. 최근에는 유튜브 채널 <홍춘욱의 경제강의노트>를 통해 어려운 경제 및 금융시장 지식을 쉽게 전달하기 위해 노력하고 있다.

Q 불황에도 주가가 오르는 기업이 있지 않습니까?

A 일단 불황이 올 거라는 사람들의 공포심 때문에 주가가 낮아졌습니다. 그래서 꾸준히 이익을 낼 수 있는 회사들은 주가가 오를 수 있습니다. 이런 회사로는 독점기업을 예로 들 수 있습니다.

08

주식, 지금 사야 딱 좋다

홍춘욱

증시가 추락하면 우리는 어떻게 대처해야 할까요? 주식에 투자한 사람들은 모두 고민할 겁니다. 제 계좌도 손실이 나서 모든 숫자가 파란색으로 물들었습니다. 코인도 주식도 모두 마찬가지의 상태입니다. 우크라이나는 우리와 물리적으로 멀리 떨어져 있어서 그런지, 전쟁은 실감 나지 않습니다. 그런데 이 이슈가 블랙홀처럼 시장의 모든 수익을 사라지게 하고 있습니다. 전문가들조차 시장의 전망에 관해 장담을 할 수 없는 지금, 우리는 과연 어떻게 해야 할까요?

이럴 때 우리는 역발상으로 주식을 사야 합니다. 물론 지금 투자자분들의 계좌에 손실이 있고 마음이 힘들면 이런 생각을 하기 어렵겠지요. 오히려 스트레스를 피하고자 하는 생각에서 자신이 주식을 샀다는 사실조차 잊으려 합니다. 이렇게 '비자발적인 장기 투자자'가 되어서 아무것도 하지 않는 분들은 손안에 현금이 있는데도 매수를 하지 않다가, 시장이 충분히 회복된 다음에야 그동안 쌓아둔 목돈을 투자한다면, 그야말로 '사는 날이 고점'이 됩니다.

저에게 5년마다 한 번씩 전화를 주시는 분이 계십니다. 통화 도중 그분에게서 '돈 복사'라는 말이 나오면 그때가 주식을 팔아야 할 때였습니다. 어떤 주식을 사든 복사기에 돈을 넣은 것처럼 돈이 불어나오는데 저축이냐 예금을 누가 하겠느냐고 그분이 말하던 그때가 지나고 보니 투자자에게 가장 위험한 순간이었습니다. 또 어떤 분은 우리나라 주식시장은 우상향하지 않기 때문에 우상향하는 미국 주식을 사야 한다고 합니다. 그런데 그분은 미국 주식도 떨어질 때는 우리 시장에 못지않다는 사실을 알고 계셔야 합니다. 주식투자의 가장 위험한 순간이 언제인지 말씀드릴까요? 주변에서 주식으로 돈을 벌었다고 자랑하는 사람이 많을 때가 바로 그런 순간입니다.

"Easy come, easy go." 퀸의 <보헤미안 랩소디>라는 노래에 나오는 대목인데요. 이 가사처럼 쉽게 들어오는 돈은 쉽게 나갑니다. LG에너지솔루션 공모주 청약 시 몰린 돈이 무려 1경 원이었고, 실제 고객 예탁금으로 들어온 돈이 110조 원 정도였습니다. 이 돈은 과연 어디에서 다 나왔겠어요? 통장에 잔고를 가지고 있는 분들도 있었겠지만, 자금이 부족해서 마이너스 통장을 만들거나 다른 주식을 팔아 청약 대금을 마련한 분들도 많을 겁니다. 어차피 청약만 하면 돈을 버는데 이게 무슨 문제가 있겠나 싶겠지만, 이런 일들이 계속되면 시장에 거품이 생길 수밖에 없지요. 이처럼 사람들이 고민하지 않고 사장에 들어올 때가 가장 위험한 순간입니다.

반면에 시장이 호황일 땐 달러를 사고 곡소리가 날 때 주식을 사서 이익을 낸 투자자들이 많습니다. 시장이 안 좋을 때는 주식의 공모가 다 취소됩니다. 왜냐고요? 해당 주식이 좋은 가격을 받을 수 없기 때문이죠. 예를 들어서 현대엔지니어링이나 몇몇 회사가 공모를 취소했습니다. 2022년엔 IPO 시장이 매우 위축될 것 같습니다. 2021년에는 공모주 청약이 지나치게 과열됐었습니다. 이럴 때 공모주 청약을 위해 다른 주식을 팔기 때문에 시장이 전반적으로 좋아질 수가 없습니다. 다른 종목을 팔아서 청약 대금을 마련하려다 보니 그 종목에 '매물벽' 같은 게 생기는 겁니다.

시장의 악재를 회복하는 데는 얼마나 걸릴까요?

주식을 하는 많은 분이 반등의 시간을 기다리고 계실 겁니다. 과거의 사례로 보아 시장의 악재가 있었을 때 이를 회복하는 데는 보통 3개월이 걸립니다. 왜 이 정도의 시간이 걸리느냐 하면, 돈을 빌려서 '빚투'하시는 사람들이 있기 때문이지요. 자기 돈으로는 100주밖에 못 사는데 신용 융자로 200~300주를 더 살 수 있었던 겁니다. 이들에게는 빚을 갚아야 하는 시기가 필연적으로 도래합니다. 그 기간이 보통 3달 정도 되고요.

어떤 사람이 100만 원어치 주식투자를 하는데 그걸 담보로 200만 원을 빌려 총 300만 원을 투자했다고 가정해보겠습니다. 그가 매입한 주식이 20% 떨어진다면 얼마의 손해를 볼까요? 여기에 빌린 돈에 대한 이자도 20%가 있습니다. 그러면 원금이 30~40만 원 남고 여기서 한 번 더 주가가 낮아지면 곧 반대매매를 당합니다. 그러면 증권사에서 '저, 지금 녹음되고 있습니다'라고 시작하는 전화가 갑니다. '추가로 담보를 제공하지 않는다면 내일 아침에 시초가로 당신의 계좌를 모두 처분하겠습니다.'

반대매매는 증권사가 자칫하면 자신들이 빌려준 돈을 못 받을 수 있으니까 그전에 위험 관리를 하겠다는 명목으로 주식을 강제로 처분하는 겁니다. 이런 일을 당하면 너무 갑작스럽고 가혹한 처사라는 생각이 들겠지만, 사실 그는 돈을 빌릴 때 이미 그런 조건에 분명히 동의했을 겁니다. 반대매매를 할 때는 주가를 불문하고 팝니다. '이 회사의 주당순자산가치가 1만 원인데 지금 주가는 7000원이니까 더 빠질 리가 없어요. 제발 기다려주세요.' 증권사에 그렇게 애원 해봤자 아무 소용이 없습니다.

그리고 저축은행의 주식 담보 대출이라는 게 있습니다. 주가가 하락하면, 이 대출로 주식을 매입한 사람에게 어떤 상황이 벌어지는지 한번 볼까요? 우선 A라는 사람이 주식을 싼 가격에 팝니다. 그리고 주식 담보로 저축은행에서 돈을 빌려 투자해서 5% 수익을 보고 있던 B는 주식이 20% 떨어졌지만, 자신은 -15% 정도니까 아직 괜찮다고 생각합니다. 그런데 A가 팔면서 주가를 5% 끌어내렸습니다. 그러면 B는 지금 안 팔면 주식을 강제 청산 당할 거라 지레 겁을 먹고 주식을 팔아버립니다.

이렇게 둑이 터지는 연쇄적인 폭락 사태가 세 번 정도 반복됩니다. 왜 세 번이냐고요? B가 손실이 나는 걸 본 증권사 직원이 B의 주식이 싸고 매력 있는 주식인데 신용 투자로 인해 주가가 낮아졌다고 생각하고 그 주식을 매수합니다. 그런데 거기서 주식이 더 떨어지면 증권사 직원이 '바닥인 줄 알았는데 지하 2층이 있네'라고 생각하고 그 주식을 처분합니다. 그러면 또 주가가 낮아지고 담보 대출을 받았지만 버티고 있던 이들조차 반대매매를 당합니다.

이런 과정에서 신용 융자 잔액이 다 소진돼야 비로소 사태가 종결됩니다. 예전에 약 10조 원 정도가 그렇게 증발하는 것을 본 적이 있습니다. 모든 계좌의 잔액이 반 토막 나는 사례도 있었고요. 이런 사태가 벌어져 모든 신문과 뉴스에서 반대매매라는 말이 폭발적으로 나오면 주식을 사면 됩니다. 물론 정말 심각한 뉴스가 연속적으로 나오는 때는 예외로 하고요.

우리 시장에 조정이 올 때마다 쉽게 회복하지 못하는 이유는 무엇일까요?

주가의 조정이 순탄하게 마무리되지 못하는 이유는 주식시장이라는 곳에 존재하는 두 부류의 사람들 때문입니다.

먼저 주가가 낮아지면 이제 좀 사야겠다는 사람들이 있습니다. 이 사람들은 저가에 사서 주가가 올라가면 바로 매도를 합니다. 또 주가가 오르지 못하고 손실을 봤지만, 시장의 추세가 꺾였다고 생각될 때는 손절매합니다. 영어로는 '로스 컷(Loss Cut)'을 한다고도 하지요. 손실을 줄이기 위해서 주가가 오른 때보다 오히려 적극적으로 팝니다. 이런 사람들이 많아지면 반대매매를 유발하면서 주가가 폭락합니다. 주로 저가 매수를 하는 주체는 연기금, 장기 투자자 그리고 기업의 오너들입니다. 오너들은 자기 회사의 가치를 누구보다 잘 알기에 낮은 주가에 사서 증여하는 절세의 기회로 삼는 겁니다.

이런 저가 매수자들 반대편에는 추세 추종자들이 있습니다. 이 사람들은 주가가 오를 때 주식을 사고 싶어 합니다. 주가의 상승이 계속될 거라 믿고 외국인이 팔거나 연기금이 팔거나 상관없이 주식을 매입합니다. 다행히 시세가 계속 오를 때는 추세 추종자들의 성과가 좋습니다. 2021~2022년 우리 주식시장이 2년 가까이 올랐던 때 같은 시기에 말이죠. 이들의 말마따나 돈을 복사기에 넣은 것처럼 엄청난 성과를 낼 때, 시세 추종자들의 반대편에 있는 사람들은 무능한 것처럼 보이게 됩니다. 그들에게 시장이 이렇게 잘 가고 있는데 주식을 너무 빨리 팔았다거나 사지 않았다는 후회가 들게 합니다.

하지만 이럴 때 시장이 꺾이는 경우가 많습니다. 주식시장에 아래로 20%의 조정이 올 때 우리는 그걸 약세장, 즉 '베어 마켓'*(Bear Market)'이라고 합니다. 이런 이야기들이 나오기 시작하면 시세 추종자들에게서도

> **Tip · 베어 마켓(Bear Market)**
>
> 베어 마켓(Bear Market)은 주가를 비롯한 자산 가격이 하락하고 있거나 하락할 것으로 예상되는 약세장을 뜻하는 말로, 하락장을 곰에 비유한 말이다. 반대로 장기간에 걸친 주가 상승이나 강세장은 '불 마켓(Bull Market)'이라고 하며 황소에 비유한다.
>
> 출처 네이버 사전

이제 좋은 시절은 갔다고 생각하게 됩니다. 이러면 또 인터넷 커뮤니티에 이른바 '한강 온도를 재러 갑니다.' 하는 사람들이 등장하면서 손절매가 시작됩니다.

과거 우리 시장에 이런 사례가 있었나요?

2020년 코로나19 팬데믹으로 사람들이 '이제 우린 영원히 코로나 이전 세상으로 돌아가지 못할 거야'라는 공포에 젖어 있을 때입니다. 이때 갑자기 미국 중앙은행이 금리를 제로까지 인하한 겁니다. 이렇게 했는데도 주가가 계속 낮아지고 경제가 흔들리니까 미국 정부가 돈을 풀어서 시장에 있는 회사채와 기업들이 발행한 채권까지 사주겠다고 나섭니다. 국채뿐만 아니라 양적 완화의 대상을 늘리겠다고 한 겁니다.

여기에다 우리나라엔 2020년 3월에 한미 통화스와프를 해주었습니다. 사실 우리는 돈이 딱히 필요하지 않은 상황이었는데 어쨌든 마음의 위안을 얻었습니다. 그런데 통화스와프 채결 후 우리 시장의 주가가 1년 만에 두 배가 올랐습니다. 이처럼 시장의 공포라는 것은 어떤 사건을 계기로 갑자기 호전될 수도 있습니다. 예를 들어 전쟁을 일으킨 푸틴이 갑자기 철군한다든가 아니면 전쟁의 승패가 명확히 갈리는 상황이 되어서 불확실성이 사라질 때 그렇게 되겠지요. 또는 바이든 대통령이 에너지 정책을 발표하는 등의 획기적인 호재가 나오면 시장은 달라질 수 있습니다.

물론 이런 일이 나와도 우리 시장에 직접적인 영향을 줄지는 미지수입니다. 우리는 원자재를 거의 수입에 의존하고 있습니다. 그리고 우리 기업은 내수시장만으로는 감당이 안 되는 엄청난 물량을 생산합니다. 가령 우리 자동차 기업들은 해마다 800만 대를 만듭니다. 그런데 내수시장은 호황일 때도 겨우 200~300만 대 정도를 소화할 수 있습니다. 그러니까 나머지 500~600만 대를 해외에서 팔아야 한다는 거지요. 결국 우리에겐 전시(戰時)와 같은 상황은 매우 악재가 됩니다. 이런 상황이다 보니 우리 전망은 '전망이 아니라 희망'인 것으로 됩니다. 우리는 좋은 일을 예상하고 사는 게 아니라 '일단 사고 기도하는 격'입니다.

우리 시장에서 가장 투자를 잘하고 있는 주체는 바로 연기금입니다. 연기금은 2021년에 주식을 많이 팔았습니다. 그래서 투자자들이 전주에 있는 국민연금 본사로 찾아가 시위를 하기도 했습니다. 그런데 이 연기금이 2022년 우크라이나 전쟁 전 주식시장이 새파랗게 질려 있을 때 주식을 사기 시작합니다. 다만 한 번에 많이 사는 게 아니고 또 찔끔찔끔 분할 매수를 합니다. 이런 걸 보면 우리나라에서 연기금이 주식을 가장 잘하는 것 같습니다.

연기금이 전체 운용자금에서 반드시 유지해야 하는 국내 주식 투자의 비중이 있습니다. 그런데 시장의 주가가 낮아지면 저절로 연기금의 국내 주식 비중도 줄어드니까, 이를 늘이기 위해 기계적으로 국내 주식을 사게 됩니다. 그들이 이런 식으로 주식을 살 때가 지나고 보면 늘 시장의 바닥입니다. 연기금이 늘 주식시장을 이기는 것은 바닥이 올 때 꾸준히 사기 때문입니다. 2021년 한 해 그들이 벌어들인 돈이 90조 원 정도입니다. 이 금액은 보통 연기금이 한 해에 거두어들인 연금의 3배 정도 됩니다. 이로 인해 국민연금의 고갈이 3년 늦춰진 셈입니다.

이 연기금이 주식을 샀다는 걸 우리가 어디에 가서 확인할 수 있을까요? 바로 금융투자협회 사이트입니다. 이 사이트의 장점은 연기금의 매매뿐 아니라 신용 융자에 대한 정보가 나온다는 것이죠. 신용 융자 잔액이 갑자기 줄면 이제 쇼크가 와서 반대매매가 나왔다는 걸 알 수 있거든요. 이런 예상이 가능한 건 돈을 빌린 사람들이 갑자기 빚을 갚는 일은 쉽게 벌어지지 않기 때문이죠. 사람들이 강제로 주식을 청산당하는 경우가 많으니 하루에도 수백억 원에서 천억 원이 넘게도 신용 잔고가 낮아집니다. 이렇게 신용 잔고가 떨어지고 나면 3일 안에 바닥이 옵니다.

이런 장이 2022년 1월에 있었습니다. 그때 우리 주식시장에서 하루에도 200~300억 원씩 반대매매가 나왔었습니다. 그리고 한 달 후인 2월에 잠깐 반등이 왔을 때 많은 사람이 저가 매수를 했습니다. 저도 사실 그때 달러를 매도한 돈으로 주식을 매수했었죠. 어디가 시장의 바닥이라고 예상하기가 힘든 게, 우리가 푸틴이나 바이든 대통령의 머릿속으로 들어가지 않는 이상 앞으로의 상황을 알 수 없습니다. 그래서 저도 어디가 바닥이라고 투자자들에게 함부로 말할 수 없습니다. 다만 연기금과 함께 움직이라는 팁을 드리지요.

불황에도 주가가 오르는 기업이 있지 않습니까?

일단 불황이 올 거라는 사람들의 공포심 때문에 주가가 낮아졌습니다. 그래서 꾸준히 이익을 낼 수 있는 회사들은 주가가 오를 수 있습니다. 이런 회사로는 독점기업을 예로 들 수 있습니다. 대표적인 예가 마이크로소프트입니다. 우리가 PC를 사용하다가 '최신 윈도우로 업그레이드하세요'라는 말이 나오면 무조건 그걸 따라 하지 않습니까. 윈도우는 PC를 사용하는 우리에게 필수이면서 독점적이니까요.

또 불황을 이기는 빼어난 브랜드를 가지고 있는 기업들이 있습니다. 루이 비통(Louis Vuitton) 같은 상장 기업이지요. 루이 비통은 이번에 티파니(Tiffany & Co.)를 인수하기도 했습니다. 이런 회사는 불황이 왔을 때 제품의 가격을 인상해도 오히려 고객들이 더 사려는 성향이 나옵니다. 고객들은 루이 비통의 가격이 더 오를 수도 있다고 생각하고 불황에 사는 게 이익이라는 '정신 승리'를 하며 사는 겁니다. 그래서 우리는 어떤 회사의 주식을 살 때 불황을 이길 수 있는 기업인 가를 따져보아야 합니다.

그리고 네트워크 회사도 불황을 잘 견딜 수 있습니다. 메타를 비롯해 SNS를 가지고 있는 회사들은 '생각과 주장의 장터'를 가지고 있기에 사람들이 이용하지 않을 수 없습니다. 우리나라의 대표적인 예로 네이버 스토어가 있습니다. 카카오페이와 더불어 요즘 사업하는 분들에게는 필수적인 플랫폼이죠. 그리고 마지막으로 우리가 매수를 고려해야 할 기업들은 불황에도 탁월한 가성비 또는 상품성으로 고객을 유치할 수 있는 회사입니다. 코스트코(Costco Wholesale Corporation), 아마존, 월마트, 삼성전자, 현대차와 같은 회사들이 불황에서 바닥을 찍고 오를 때가 매수 타이밍입니다.

아쉽게도 우리 주식시장에는 불황에 강한 기업들이 그리 많지 않습니다. 그나마 불황이 끝났을 때 치고 나가는 회사들을 찾아보면 게임 또는 인터넷 회사, 삼성전자, 배터리 회사들뿐입니다. 이들이 시장에서 차지하는 건 일부분입니다. 그래서 누군가 제게 주식이 폭락했다가 회복될 때의 가장 좋은 투자 종목을 추천하라면 인덱스를 말합니다. 우리 시장의 특성으로 인해 개별 종목을 사는 것보다 코스피200 지수 상품이 더 높은 수익을 내는 경우가 많기 때문입니다. 명색이 주식 전문가인 저도 과거에 개별 종목 주식을 사고 1년 정도 지나 정산을 해보니 코스피200 지수의 수익률을 넘지 못했습니다.

이제 주식 30년 차인 저는 달러를 팔아서 ETF를 샀습니다. 이렇게 하고 나니 마음이 편안합니다. 과거에 시장과 싸우겠다는 승산 없는 싸움에 자신을 내몰았던 것 같은 기분이 사라진 듯합니다. 다음번에는 금을 팔아서 ETF를 살 겁니다. 3년 전에 매입한 금이 2년간 못 오르다가 1년 사이 가파르게 올랐습니다. 이렇게 시장은 누구도 쉽게 예상할 수 없는 '신의 영역'입니다.

주식시장은 예측할 수 없으니 예금을 해야겠다는 분들도 계실 겁니다. 물론 지금 같은 시기에 예금을 하면 돈이 불어나죠. 정책금리가 인상될 것이고 특판으로 금리가 높은 상품이 나오니까 좋긴 합니다. 다만 예금이냐 주식이냐를 지금 판단하라면 전 '지금 주식이 싸다'라는 말씀을 드립니다. 게다가 주식 배당금 비율이 3% 넘게 나오는 주식들이 있어서 웬만한 은행 이자율보다 높습니다. 그리고 예금도 하고 주식도 사는 좋은 방법을 알려드리겠습니다. 우선 자금을 예금 상품에 잠시 맡겨 놓으십시오. 금리가 올라가는 상황이니까 약정기간이 긴 것보다 짧게 가져가는 것도 좋습니다. 저는 단기 채권 ETF 같은 상품도 삽니다. 이 상품은 지난 4년 동안 수익률이 6% 정도 나왔습니다.

참고로 채권에 비해 부동산 관련 상품은 좀 약합니다. 리츠 ETF가 있는데, 이 상품은 쇼핑몰 쪽에 투자가 편중되어 있습니다. 그리고 요즘 나오는 리츠는 기업이 부동산에 묶인 돈을 융통하는 수단일 뿐입니다. 우리에게 정말 도움이 되는 좋은 상품이 없다는 거지요. '강남 아파트 ETF'와 같은 상품을 출시하면 좋은데, 이런 게 없습니다. 왜 안 나올까요? 너무 비싸기 때문입니다. 이런 걸 ETF로 만들려면 처음에 수조 원이 들어가야 할 겁니다. 그리고 돈을 들여서 ETF를 만든다고 해도 집값이 낮아지면 그 손실을 감당할 자산운용사가 없는 겁니다.

지금 우리에게 좋은 투자 전략은 무엇일까요?

레이 달리오가 만든 올 웨더 포트폴리오(All Weather Portfolio) 전략을 고려할 만합니다. 이 전략을 한마디로 요약하면 '언제든 투자로 성과를 낼 수 있다'입니다. 상황이나 흐름에 따라 항상 투자할 수 있다는 거죠. 만약 지금 같은 시기엔 무엇에 투자해야 할까요? 원자재 투자가 제일이 아닐까 생각합니다. 레이 달리오에 따르면 금이나 원유, 선물 같은 상품도 좋습니다. 그의 포트폴리오 투자 전략을 따르자면, 경제성장률과 물가가 오르락내리락하는 시기가 있는데 그걸 대비해서 네 가지 상품을 사자는 겁니다. 즉, 그의 전략은 주식, 채권, 원자재, 해외 투자에 분산 투자하는 겁니다. 이렇게 하면 계절이 바뀌고 경제가 바뀌더라도 흔들림이 없다는 겁니다. 주식이 떨어져도 원자재 가격이 올라 손실을 메워주는 식인 거죠.

우리 경제는 격렬하게 요동치고 수출 의존도가 높기에 달러에 분산투자하는 것이 좋습니다. 이 달러를 사고팔기만 해도 나름 편안한 투자 방법이 될 수 있습니다. 그럼에도 달러 투자자가 고전하는 이유는 여기에만 '올 인' 하기 때문입니다. 보통 우리가 자산을 안전자산과 주식투자로 반씩 나눕니다. 이렇게 5대 5의 비율로 자산을 운용하다가 지금처럼 환율이 급등하면 이 비율이 4대 6과 같이 바뀝니다. 주식은 손실이 나고 달러는 급등했기 때문이죠. 이렇게 됐을 때 상승한 달러를 조금 팔아서 손실이 난 주식을 저가 매수하는 겁니다. 우리 연기금도 이런 전략을 씁니다.

주가가 많이 낮아지면 결국 다시 주식을 사야 하는 시기가 곧 옵니다. 물론 주식뿐 아니라 코인 같은 자산도 마찬가지입니다. 이번 전쟁 때 러시아 루블화의 가치가 떨어지니까 러시아인들이 코인을 샀다는 뉴스를 보셨을 겁니다. 러시아 국민은 엘살바도르나 베네수엘라처럼 법정화폐가 몰락*하고 사람들이 물물교환이나 금 또는 은으로 거래하는 불편함을 겪을 겁니다. 금으로 거래를 한다면 그게 순금인지 아닌지 분별하기 힘들어 거래의 어려움이 생기는 겁니다.

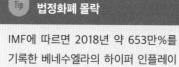

Tip 법정화폐 몰락

IMF에 따르면 2018년 약 653만%를 기록한 베네수엘라의 하이퍼 인플레이션은 2019년에 199만%를 기록했다.

출처: kotra 국가정보

그래서 지금 러시아 국민이 코인에 투자하는 겁니다. 이로써 코인은 정부가 만든 지폐의 가치가 떨어질 때 사람들이 코인을 매입할 수 있다는 사실을 우리에게 보여줬습니다. 그리고 이렇게 러시아 국민이 코인을 매수할 때 '나도 코인을 사야지'라고 생각하시는 분들이 계실 겁니다. 그런데 금리가 오를 때는 또 코인 투자가 힘듭니다. 미국의 금리 인상의 이슈가 부상한 2021년 하반기부터 2022년 상반기까지 코인 가격이 엄청 떨어졌습니다. 연준이 금리를 인상하고 있으니 지금은 코인보다 달러의 가치가 올라간 것이죠. 안전자산의 이익이 증가할 때는 대안의 값어치가 떨어지는 겁니다.

뉴스를 보니 러시아 주가가 폭락했다고 합니다. 국가 부도에는 두 가지 의미가 있습니다. 첫째는 다른 나라에서 빌린 달러와 그 이자를 못 갚는다는 겁니다. 이게 1998년 러시아의 위기*였습니다. 둘째로 그 나라 경제가 파탄이 났다는 걸 말합니다. 러시아의 경우 다른 나라에서 빌린 돈이 많지 않습니다. 그렇기에 러시아가 부채와 이자 때문에 정말 파산할 것인지는 좀 더 지켜본 다음에 판단할 수 있을 것 같습니다. 반면에 국가 경제가 어렵고 민생이 파

Tip **1998년 러시아 위기**

1998년 러시아 금융위기로 인해 러시아 정부와 러시아 중앙은행은 루블화를 평가절하하고 부채를 상환하지 못하게 되었다. 이 위기는 많은 이웃 국가들의 경제에 심각한 영향을 끼쳤다.

출처: kotra 국가정보

탄이 난 모습으로 판단한다면, 사실상 국가 부도라고 볼 수도 있겠습
니다.

이종우

연세대학교 경제학과를 졸업한 뒤 1992년 대우경제연구소를 시작으로 대우증권 투자전략팀장, 한화증권 리서치센터장, 현대차증권 리서치센터장, 아이엠증권 리서치센터장, IBK투자증권 리서치센터장 등을 거쳤다. 낙관 속에서 위기를 경고해 적중시킨 실적으로 '한국의 닥터 둠'이라는 별칭을 얻었다. 저서로는 『기본에 충실한 주식투자의 원칙』 등이 있다.

Q 우리나라에도 우버와 비슷한 사례가 있을까요?

A 우리도 배달 시장은 아니긴 하지만 롯데나 SSG, SK 등의 대기업들이 쇼핑 플랫폼 사업에 진출하면서 판촉과 서비스를 개선하였습니다. 이런 과정을 통해 배달 서비스 시장의 미래를 유추해보면 우리는 그 역동성과 발전 가능성을 확인할 수 있습니다.

09

배달 서비스 산업의 무한 질주

이종우

코로나19 팬데믹 이후 세계는 전에 겪어보지 못한 '뉴 노멀'의 세상이 될 거라는 데 대해 누구나 동의를 할 겁니다. 그러나 개중에는 코로나 사태 이전에 가깝게 돌아가는 분야가 있을 테고, 반대로 돌이킬 수 없을 만큼 새롭게 나아가는 분야가 있을 텐데요. 저는 배달 서비스 산업이 지금보다 훨씬 커질 것이고 시장의 전체적인 변화를 이끌 것이라 보고 있습니다.

사실 배달 시장은 코로나19 팬데믹 직전부터 괄목할 성장세를 보였습니다. 2019년 시장 규모가 9조 7,365억 원이었는데요. 2017년 2조 원, 2018년 5조 원대였으니까 매년 거의 두 배씩 오른 겁니다. 그리고 2020년 25조 6,783억 원을 기록했는데 2017년과 비교하면 얼마나 규모가 막대해졌는지 실감할 수 있지 않습니까.

물론 배달 플랫폼 기업들이 수수료 부담을 가중하고 자영업자를 착취한다는 우려와 비판도 존재합니다. 하지만 우려와 비판이 플랫폼 산업을 휘어잡고 억눌러야 한다는 논의까지 전개되는 양상을 보면 플랫폼을 마치 악당처럼 적대시하는 건 아닌지 걱정스럽습니다. 힘든 분들을 위한 상생의 대책을 마련할 일이지, 신산업이 소비자와 업주에게 가져온 효용을 무시해서는 안 됩니다.

데이터를 통해서 우리는 이 시장을 냉철하고 정확하게 인식할

최근 2년간 바뀐 가맹점 온·오프라인 매출 비중(단위%)

매출 순위	가맹점 수	매출 비중		■ 배달앱 ■ 오프라인
상승	11만9710곳	36		64
유지	14만5105곳	11.3		88.7
하락	17만7594곳	5.8		94.2

총매출에서 배달앱이 차지하는비중(단위%)

5.6
하위 20% 매장

15.4
41~60% 매장

21.7
상위 20% 매장

*2021년 4분기 기준.

수 있습니다. 신한카드 빅데이터연구소에서 전국 자영업 가맹점 44만여 곳의 2021년까지 매출 통계를 발표했는데요. 이 통계는 2019년부터 2021년까지 대다수 점포가 배달 앱에서 매출이 20% 이상 오른 유의미한 효과를 보여줍니다.

지금 업계에서는 배달 서비스가 수수료로 잇속을 챙긴다고 해서 독과점이라는 비판이 있습니다. 그러나 배달 서비스는 시장성이 워낙 크기 때문에 차츰 자영업자와 소비자를 모두 만족하게 하는 방향으로 발전할 것입니다. 머나먼 독일 회사가 한국의 '배달의민족'을 인수하기로 했을 때 국내에서 굉장히 말이 많았습니다. 그런데 이런 빅딜은 우리뿐 아니라 해외에서도 계속되고 있습니다. 배달 시장의 비즈니스 모델이 워낙 확고하기 때문이죠. 미국과 유럽에서도 배달 서비스 업체의 인수 합병이 이루어졌습니다. 그런데 이런 인수 합병이 배달 서비스 업체의 독과점으로 이어지진 않았습니다. 업계에서는 아직도 후발주자의 진입과 개선된 서비스 출시가 이어지고 있습니다. 미국에서 승차 공유 플랫폼 '우버'(Uber)가 배달 시장에 뛰어들어 2021년 3분기 128억 달러(약 15조 원)의 매출을 기록했습니다.

우리나라에도 우버와 비슷한 사례가 있을까요?

우리도 배달 시장은 아니긴 하지만 롯데나 SSG, SK 등의 대기업들이 쇼핑 플랫폼 사업에 진출하면서 판촉과 서비스를 개선하였습니다. 이런 과정을 통해 배달 서비스 시장의 미래를 유추해보면 우리는 그 역동성과 발전 가능성을 확인할 수 있습니다.

무엇보다도 한 번 편의를 누려본 소비자들은 불편한 과거로 돌아가기를 꺼립니다. 스마트폰 통신 요금이 비싸고, 전자파가 우리 몸에 좋지 않다고 해서 집 전화만 쓰던 때로 돌아갈 수 있겠습니까? 실제로 배달 앱 주문의 결제 90% 이상이 모바일로 이뤄지고 있는 점만 보더라도 이미 배달 서비스 산업은 억제하기엔 생활 깊숙이 들어왔고 많은 이들의 생계에도 영향을 주고 있습니다.

배달 플랫폼은 현재 3단계를 지나고 있습니다. 점포에서 배달원을 직접 고용한 1단계, 플랫폼에서 고용한 배달원들이 배송하는 2단계, 지금은 음식뿐만 아니라 식재료까지 단시간에 신선 배송을 하는 3단계에 와 있습니다. 신선 배송을 위해서는 물류·운송 과정의 첨단화가 필수고 이 과정에서 대형마트, 물류 기업과의 협업이 이뤄지면서 시장의 파이가 커질 수 있습니다. 지금은 이런저런 기업을 두고 논란이 있더라도 시간이 지났을 때 발전하여 시장에 안착할 수 있을지를 봐야 하며, 주식은 현재가 아닌 미래를 반영한다는 점을 잘 기억해야 합니다.

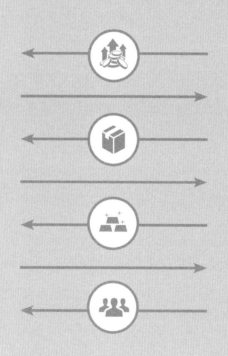

오건영

서강대학교 사회과학부를 졸업한 뒤 미국 에모리대학교에서 MBA를 받았고 국제공인 재무설계사와 미국공인회계사를 취득했다. 이후 신한은행 WM사업부 전임 컨설턴트, 신한은행 투자자산전략부 매크로 분석 담당, 신한 AI 자본시장분석팀을 거쳐 현재는 신한은행 WM컨설팅센터 부부장으로 있다. 국회와 금융연수원 등에 출강하며 다수의 매체에 출연했다. 주요 저서로는 『부의 대이동』, 『부의 시나리오』, 『인플레이션에서 살아남기』 등이 있다.

Q 이렇듯 불안정한 상황에 빠져들어 있는 시장에는 어떻게 대처하는 게 가장 좋은 방법일까요?

A 이런 불안정한 상황일수록 개인투자자들, 특히 초심자들은 투자에 대한 경험을 늘려가는 것이 중요하다고 생각합니다. 그리고 경험을 쌓는 과정에서 가장 좋은 방법은 결국 분산투자전략이 제일 좋다고 봅니다. 너무 교과서적이라고 생각하시겠지만 이런 말씀을 드려 보려고 해요. 분산투자는 일찍 자고 일찍 일어나면 몸에 좋다는 말과 비슷합니다. 누구나 알고 있고, 반론의 여지가 없지만 시도하기에는 거부감이 드는 겁니다.

10

기본과 분산, 포트폴리오의 마스터키

오건영

40년 만의 인플레이션이 일시적이라는 분들이 있는데요

'인플레이션이 일시적이다'라는 이야기가 나오게 만든 장본인인
파월 미 연준 의장도 자신이 틀렸다고 말했습니다. 그래서 이번 인
플레이션을 두고 일시적이다, 아니다라고 표현하기보다는 '이걸 과
연 어느 정도까지 없앨 수 있을까?'를 먼저 물어봐야 할 것입니다.

저는 첫 번째로 공급망의 이슈가 어떻게 풀리는지가 굉장히 중
요한 것 같습니다. 지금의 심각한 상황에 대처할 수 있는 해법이 나
오게 된다면 생각보다는 빠르게 끝날 수도 있을 겁니다. 예를 들어

서 러시아-우크라이나 전쟁이 조기 종전이 되면 에너지 가격이 어떨까요? 그다음에 우크라이나의 항구에 묶여 있는 엄청나게 많은 밀이 풀려 나올 수도 있죠. 그렇다면 식료품 가격들도 단기적으로 좀 빠르게 안정될 수도 있어요. 이런 것들은 공급 측면에서 물가상승압력을 생각보다 빠르게 낮출 수 있습니다.

미국도 반드시 해법을 찾으려고 움직일 겁니다. 대표적인 해법이 OPEC 플러스*의 원유 증산입니다. OPEC 플러스가 증산하면

연준이 금리를 인상하지 않아도 에너지 가격을 찍어누르면서 물가를 조금은 낮춰주는 이슈가 생길 수 있죠. 그래서 바이든 대통령이 사우디를 방문할 것 같다는 얘기가 나오고 있습니다. 바이든 대통령이 방문하는 행위 자체가 결국 OPEC 플러스 산유국들의 증산으로 지금의 문제를 해결한다는 기대심리를 만들어 주기 때문입니다. 또, 미·중 관세 철폐의 이야기가 나오고 있습니다. 이 문제로 재닛 옐런 재무장관과 캐서린 타이(Katherine Tai) 미국 무역대표부* 대표가 미·중 무역 주도권을 논제로 팽팽히 맞설 정도입니다. 그만큼 미국은 인플레이션을 심각하게 받아들이고 있습니다.

하지만 러시아-우크라
이나 전쟁 같은 인플레이션
의 외부요인들이 장기화한
다면 인플레이션을 잡는 속
도가 느려질 수 있습니다.
결국에는 인플레이션을 잡
겠지만 그 시간이 생각보다
오래 걸릴 수도 있다는 생각
이 듭니다. 그래서 일시적이

Tip 미국 무역대표부

미국 무역대표부(USTR)는 미국 대통
령에게 미국의 무역 정책을 발전시키고
권고하는 책임을 맡는 미국 정부의 기
관으로서, 양자간/다자간 수준의 무역
협상을 수행하고 유관 기관인 무역정책
실무협의회(TPSC)와 무역정책검토그
룹(TPRG)을 통해 정부 내 무역 정책을
조율하는 일을 한다.

출처: 위키백과

라는 표현을 쓰기에는 조심스럽다고 생각합니다.

이렇듯 불안정한 상황에 빠져들어 있는 시장에는 어떻게 대처 하는 게 가장 좋은 방법일까요?

저는 주식을 잘 모르지만, 주식 전문가들을 만날 때가 있습니다.
그런 전문가들은 실수하더라도 손실을 줄이고 기회가 생겼을 때 그
기회를 잡을 수 있죠. 그러나 이런 불안정한 상황일수록 개인투자자
들, 특히 초심자들은 투자에 대한 경험을 늘려가는 것이 중요하다고
생각합니다. 그리고 경험을 쌓는 과정에서 가장 좋은 방법은 결국
분산투자전략이 제일 좋다고 봅니다. 너무 교과서적이라고 생각하
시겠지만 이런 말씀을 드려 보려고 해요. 분산투자는 일찍 자고 일

찍 일어나면 몸에 좋다는 말과 비슷합니다. 누구나 알고 있고, 반론의 여지가 없지만 시도하기에는 거부감이 드는 겁니다.

원론적으로 들리는 이런 분산투자에 관한 이야기는 시장이 호황일 경우에는 들리지 않지만, 하락장이나 어려운 장이 찾아오게 되면 절실하게 느끼는 경우가 생깁니다. 이런 위기를 많이 겪은 전문가들일수록 단일 종목에 집중투자하는 것이 아니라 투자금을 여러 종목으로 나누거나 현금보유를 늘리는 등 분산투자전략을 자체적으로 자기 철학에 맞게 활용하고 계십니다.

결국 지금처럼 어려운 환경일 때는 리스크를 감내하는 것보다 기본적으로 자기의 투자 성향에 맞는 포트폴리오를 만들고 분산투자를 실천하는 것이 저는 가장 좋은 전략이라고 봅니다. 이번처럼 조금 어려운 장에서 분산투자의 필요성에 대해서 공감해보시고 분산투자를 한번 운용해보시는 것도 도움이 되시리라 생각합니다.

분산투자 대상으로 여러 가지를 말씀해 주셨는데 국채는 어떻게 생각하시나요?

국채는 단기국채와 장기국채로 나뉩니다. 지금같이 금리가 올라가는 상황에서 장기국채는 오랫동안 낮은 금리에 묶이는 괴로운 상황에 부닥칩니다. 단기국채의 경우는 만기일이 금방 돌아오니까 올라간 금리를 적용하면서 갈 수 있죠. 금리가 올라가면 짧은 기간의 예금을 선택하는 것과 마찬가지입니다. 물론 안정적인 금리 상황에서는 장기금리가 유리하겠죠.

추가로 말씀드리면 우리는 분산투자를 할 때 현재 시점을 위주로 구성합니다. 지금 시점에서 주식과 채권의 비율을 결정한다는 것이죠. 하지만 시점 자체를 나누는 것도 가능합니다. 시점의 분산도 분산투자입니다. 특정 비율의 주식, 채권 대체투자를 여러 시간대로 나눈다면 자산의 분산도 가능하지만, 시점의 분산도 가능한 거죠.

이런 시점의 분산에 대해 말씀드린 이유는 지금 채권은 금리 상승을 선반영했기 때문에 금리가 내려가면 채권이 유망한 투자처일 수 있어서입니다. 만약 그 가능성을 보신다면 포트폴리오 일부를 적립식으로 운영하시는 게 좀 더 현명하지 않을까 생각합니다.

원자재의 경우, ETF나 ETN에 투자한다든지 원자재를 생산하는 기업에 바로 투자하는 등 다양한 방식의 투자가 있는데 어떤 선택을 해야 할까요?

저는 원자재 투자는 전체 포트폴리오에서 큰 비중을 차지하는 게 아니라고 생각합니다. 결국 주요 자산이 아닌 대안이기 때문입니다. 주식이나 채권 같은 주요 자산이 힘들 때 대안의 비중이 올라가는 거지, 기본적으로는 대안의 비중 자체가 절대적으로 크게 높아선 안 된다고 봅니다.

원자재 관련 기업의 주식은 원자재 가격의 영향과 주식시장의 영향 모두를 받는 문제가 있습니다. 그래서 오롯이 원자재 가격의 영향만을 받고 싶으시면 롤오버 리스크를 감내하더라도 원자재지수 관련 펀드를 따라가는 게 조금 더 나을 수 있습니다.

또 하나는 원자재 쪽에 투자할 때 금도 고려해 보셨으면 좋겠습니다. 금 같은 경우는 ETF나 금 통장, KRX에서 금 선물까지 거래의 폭이 넓습니다. 이런 옵션을 통해서 금도 자산의 일부로 보유해가는 전략도 괜찮을 것 같습니다.

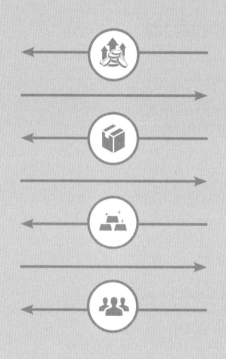

세 번째 위기, 세 번째 기회

초판 1쇄 인쇄 2022년 7월 13일
초판 2쇄 발행 2022년 8월 12일

지은이 | 박병창, 박세익, 안유화, 염승환, 오건영, 윤지호, 이종우, 홍사훈, 홍춘욱
KBS 〈홍사훈의 경제쇼〉 제작팀 | 홍사훈 기자, 조휴정 피디, 김현주 작가
펴낸이 | 권기대
펴낸곳 | ㈜베가북스

총괄 | 배혜진
편집장 | 정명효
편집 | 허양기, 김재휘
디자인 | 이재호
마케팅 | 이인규, 조민재

주소 | (07261) 서울특별시 영등포구 양산로17길 12, 후민타워 6~7층
대표전화 | 02)322-7241 팩스 | 02)322-7242
출판등록 | 2021년 6월 18일 제2021-000108호
홈페이지 | www.vegabooks.co.kr **이메일** | info@vegabooks.co.kr
ISBN 979-11-92488-07-3 (03320)

---

* 책값은 뒤표지에 있습니다.
* 잘못된 책은 구입하신 서점에서 바꾸어 드립니다.
* 좋은 책을 만드는 것은 바로 독자 여러분입니다.
  베가북스는 독자 의견에 항상 귀를 기울입니다. 베가북스의 문은 항상 열려 있습니다.
  원고 투고 또는 문의사항은 위의 이메일로 보내주시기 바랍니다.